闘争する境界

復帰後世代の沖縄からの報告

知念ウシ
與儀秀武
後田多敦
桃原一彦

未來社

闘争する境界——復帰後世代の沖縄からの報告◆目次

第二部

闘争する境界——復帰後世代の沖縄からの報告

装幀——伊勢功治

まえがき

わたしが沖縄に深くかかわるようになったのは、沖縄の批評家・仲里効さんと写真家論集『フォトネシア——眼の回帰線・沖縄』のための連載原稿をPR誌「未来」で発表してもらっていた二〇〇九年ごろからであるが、とりわけ足繁く沖縄を訪れるようになるのは、この本の出版祝賀会出席のためにひさしぶりに訪沖した二〇一〇年一月二十三日からである。その出版祝賀会で、『フォトネシア』で取り扱われている写真家を中心に沖縄在住の写真家および沖縄を主要なテーマとして写真を撮っているヤマトの写真家とをあわせた沖縄写真家シリーズ〈琉球烈像〉という途方もない企画をスタートさせることになった経緯をおおいに宣伝してくれという仲里さんの促しに乗って、多くの写真家をふくむ沖縄の代表的文化人を前にアピールしてみたのだった。

さらにその日の二次会で飛び入り参加された喜納昌吉さんと意気投合し、自身の音楽家人生と重ねあわせながら沖縄の歴史と現状を総括するような語り下ろし本を刊行しようということになり、その後、『沖縄の自己決定権』という本となって結実した。

そういう稔りの多い訪沖の機会であったが、じつはそれだけではなかったのである。喜納昌吉さんと話している二次会のその場にいて刺戟的な発言をされたのが初対面の知念ウシさんだった。そのときの話をぜひ「未来」に書いてほしいという依頼を受けて書かれたのが、本書の第一回原稿「基地は本土へ返そう」である。この回をスタートにして、リレー連載というかたちでヤマトでは聞こえてこない沖縄からの生まの声をレポートしてもらうことになった。ここでも仲里効さんに協力してもらって適切な人選を推薦してもらった結果、與儀秀武さんと後田多敦さんが知念ウシさんともども三か月に一回という約束でそれぞれの観点や立場から最新の沖縄情報を書いてもらうことになった。二年目にはいるところで、事情があって後田多さんに代わって桃原一彦さんがあとを受けてくれることになって、とりあえず二年間二四回分の原稿が集積されたので、とりあえず単行本としてまとめさせてもらうことにした。

　この二年のあいだに民主党政権の混迷や沖縄問題対応の拙劣さから首相が二度も交替するという激動がつづいており、その渦中にはいつもオキナワがある。東日本大震災が起こったあとでも在沖米軍が「トモダチ作戦」と称して災害地救助の名目のもとにさまざまな軍事シミュレーションをおこなったりしているのも、沖縄人からみればじつにうさんくさい事情がある。本書ではそうした指摘もなされている。いずれにせよ、沖縄からの厳しい批判の声をヤマトの政府はもちろん、日本人それぞれが襟を正して聞くべきなのである。日本への「復帰」四〇年をまえにして本書が刊行される意義はそこにある。

二〇一二年三月

未來社代表取締役　西谷能英

第一部

知念ウシ

「基地は本土へ返そう」

（沖縄からの報告1・二〇一〇年三月号）

二〇一〇年一月二十三日土曜日午前十時すぎ、私たちはアメリカ軍海兵隊普天間基地第2ゲート前を出発した。宜野湾市内在住在勤の女性を中心とする「カマドゥー小《ぐゎー》たちの集い」とその呼びかけに応じて集まった二十五人が、一列になって歩き、基地周辺を道ジュネー（デモ）したのだ。次の日には普天間基地の辺野古移設か否かが焦点となった名護市長選(註1)があり、もう一方の当事者として意思を示そうと企画したのである。

一言ずつ書いたダンボール紙を五人が一つずつ持って並んで歩いた。すなわち、「名護の」「辺野古」「じゃないよ」「基地は」「県外へ」。私は友達が「沖縄人はもう二度と被害者にも加害者にもならない」と書いたうちわの裏に「基地は本土へ返そう」と太いマジックペンで書いて、手に持ってかざした。

沖縄で「ヤマトゥ」「内地」と呼ぶところ、つまり、北海道を除く日本の都や他府県、を私は

「本土」とは呼ばない。人々が生きるところ、そのそれぞれが「本当の土」であると思うからだ。ところが、最近ヤマトゥに暮らす沖縄人の友人たちがいう。

「普天間基地の『県外移設』といっても、こっちの人は自分のところに来る、と問題が突きつけられているとは全然感じ取っていない。もう『本土移設』とはっきりいうしかないよ」

つねづね、沖縄に対して「本土」と自称するヤマトゥの人に違和感をもっていた。たとえ、その用語が通例になっているにしても、その意味をちょっとでも考えれば、沖縄に対して、あるいは他に対して、自らを「本当の土」と呼ぶのは傲慢である、とわかるはずなのだが。したがって、自らを「本土」と呼ぶのであれば、在日米軍基地を根拠づける日米安保条約を支持・容認・覆せていない日本国民のうち、九九％（日本国民の人口から沖縄県民の人口をひいた比率）が住む九九・四％（日本の国土から沖縄県の面積をひいた比率）の土地こそ、在日米軍基地の「本土」「本当の土」ではないのか。基地を「欲して」いるのはこの人たちなのだから、その人たちのところへ置くのが当然なのではないか。軍事基地としての沖縄の地理的必然性など、とっくに否定されている。

沖縄からの「県外移設」要求に対して「日米安保に反対するべきであり、移設は根本的解決にならない」という反論がある。これはもっともではある。私も安保破棄、基地の撤去に賛成する。しかし、具体的に普天間基地問題に関しては、締切りがある。「移設先を五月末までに決める」と鳩山政権はいっているのだ。（註2）それまでに全国民的反安保運動が盛り上がり、安保条約の破棄が決まれば、それが何よりのことだ。普天間基地をどこにも移さず、閉鎖・返還できる。他の基地だってそうだ。それまでは待ってもいいのかもしれない。しかし、その先、締切りのない状態はもう待てない。「日米安保に反対するべきであり、移設は根本的解決にならない」という人は、自分が当事者であるという自覚をもって沖縄から基地を引き取りながら、日本本土でそう言って、どうぞ反安保をたたかってください。「本土」で安保反対運動がほとんどなくなったからこそ、沖縄から県外移設要求が出てきたのである。「じゃあ、反安保運動やるからいっしょにやろう、それが実現するまで待ってくれ」と締切りなしでいわれるのは、もうのめない。それがこれまでも繰り返されてきたことなのだから。

こういうことを考えながら、私は初めて「基地は本土へ返そう」と括弧なしの本土という言葉をあえて使った。そして、在日米軍基地のあるべき本土の人々が、これを機会に基地とは何か、グワムや沖縄に迷惑をかけない形での自分たちの基地政策をどうするか、を当事者として考え悩み行動し、そして最終的には、基地に「本当の土」(あるべきところ)などないのだと多くの人々が気づき、それをなくす方向へと行ってくれるように願いながら。

在日米軍基地の「本土」で反対し、それに勝利しないかぎり、在日米軍基地はなくなりはしない。これが沖縄戦後ずっと、沖縄で戦争と基地に反対し、撤去を訴えても実現しなかった長い積み重ねから、現在の私たちが学んだことである。だから、まず、基地を本土に戻すのである。

私たちの道ジュネーは基地のフェンスに黒いリボンを結びつけながら、歩き、普天間基地の第

3ゲートまで行った。途中、沖縄の新聞社「沖縄タイムス」の記者がやってきていっしょに歩きながら、参加者の話を取材した。道中出会う人々は、驚くほど多くの人がとても丁寧にお辞儀をして「ご苦労さまです」「ありがとうございます」といってくれた。小学生とすれちがうとき、私たちが「絶対に基地をなくそうね」と声をかけると、礼儀正しく「はい」といって頭を下げた。また、自転車にのった五、六人の中学生のグループが「イエ～イ」「がんばれ～」といってこぶしを突き上げ、片手運転しながら、通り過ぎていった。車の中からこちらを見て手を振ったり、クラクションを鳴らしてくれる人々がいた。

第3ゲートに着き、そこに広がるフェンスにも黒いリボンを結んだ。時計を見ると、もう午後一時すぎ。この日の活動はこれでひとまず終了となった。

すると、ちょっと離れたところに小柄な二十代ぐらいの男性がいて、私たちを気にしていた。私は近くの沖縄国際大学の学生で、私たちの活動に興味をもち、いっしょにやりたいと思っているのかな、と思った。以前にもそういう青年が途中参加したからだ。それで、私はその人に声をかけた。

「こんにちは。私たち、カマドゥー小《ぐゎー》たちの集いっていうんだけど……」

私は左肩から斜めにかけた赤いニットのバッグから、一月十五日に私たちが宜野湾市中央公民館でやった、県外移設についての市民討論集会の資料を出して彼に渡した。そしてこの日の行動について説明した。彼は資料を受け取り、横目で私を見ながらいった。

「あー、僕、東京から来てて……、日本テレビですけど」

(へー、東京のテレビ局か。取材したいのかな?)

「普天間基地撮りに来てるんですけど、みなさん、いつ帰るんですか」

(は?)

「いつ帰るって? 帰るのは……帰るときです」

「これ、何ですか」

彼は私たちがフェンスにつけた黒いリボンをあごで指しながら、聞いた。延々と続くフェンスにゆわえられたリボンは、曇り空の下、強い風に吹かれて真横にたなびいていた。それはフェンスにしがみつく何百ものからすのようでもあり、その日の空と同じ色のフェンスが、そのまま空気に溶け込み見えなくなるのを邪魔して、黒く、境界を浮かび上がらせていた。

「これは私たちがつけたんですけど。向こうのほうのフェンスにもずっと続いていますよ。十三年前に日米両政府がこの基地はもう返すといった。ならそのときから必要ない基地ですよね。もう死んでいるのと同じです。なら、ちゃんと葬り去ろう、ということで、私たちは『普天間基地のお葬式』と呼んで、黒いリボンを結ぶことを何年か前からやっているんです」

「あー、撤去、ですか」

これまであまり口にしたことがないため、あごの動かし方を知らない言葉を、間違えないように注意深く発音しているような言い方だった。私は答えた。

「え～、撤去といえば、撤去ですけど……。県外移設、いえいえ、本土移設です。本土、本土、本土。本土移設。基地は本土へ、これが主張です」

彼はちょっとのけぞって、後ずさりした。私は明るい声で続けることにした。

「この様子、まるごと、撮ったらいいじゃないですか～。黒いリボンも、基地に反対している人も。このまんま」

「いや、無人の普天間基地、撮るようにいわれてるんで」

「えー、だって、せっかく反対している住民が集まっているんだから、このまま撮れば？」

「いや、人のいない普天間基地、撮るようにいわれてるんで。で、みなさん、いつ帰るんですか」

私は黙って、帰ろうとしている仲間たちのところへ戻った。

「ねー、ちょっと待ってー。あの人さー、東京のテレビ局だって。日テレだっていってるよー。人のいない基地の風景撮りたいから、私たち、いつ帰るのか、って、聞いてる。だからさー……」

「ああそう、だったら、絶対《じえったい》帰らない」

ということで、私たちはそのままそこに座り込んだ。

しばらくして、テレビ局のロケ用の大きな車がそろそろと動き出した。帰るのかな、と思って見ていると、私たちから離れたところで、他の車と車の間に再び駐車した。そこから私たちの様子をうかがっているようだった。それはまるで、集会のときやってきては、身を隠しつつこちらを見ている〝コーアン〟のようだった。そんなとき、私たちは

「守ってくれて、ありがとうございます」

とあいさつをするようにしているのだけれど、今回はあいさつもできなかった。守ってくれてもいなかったのだから。

私たちはそこにい続けた。ふと振り向くと、テレビ局の車はなくなっていた。これでようやく私たちも帰れることとなった。

思えば、彼は実にもったいないことをした。たとえ、上司の指示以外のことができなくても（しかし、それではスクープはとれないだろう）、ジャーナリストの嗅覚がちょっとでもきけば、そこにいた人々から、「基地の中にある」沖縄でいかなる思いで生きてきたのか、多様で奥深い話が聞けたはずだ。それによって、「普天間移設問題」を立体的に複合的にとらえられただろう。

彼が「無人の基地」を撮影するためにどかそうとした（これって「逆ヤラセ」？）のは、こんな人々であった。

十三年前、辺野古移設を条件にした普天間基地の返還が発表され、それまで反対運動などしたこともなかったのに、普天間の住民として辺野古を訪ね、一軒一軒、知らない人のドアをたたい

て基地被害の実態を説明し、「県内移設は解決ではない。普天間のことを心配してがまんして基地を引き受けなくてもいい、反対してください」と訴えた人たち（これが私たち「カマドゥー小《ぐゎー》たちの集い」の始まりだった）。「自分の嫌なものを他人に押しつけることはできない」と県外移設に反対だったのに、「普天間基地を地球上からなくす手っ取り早い方法は、まず日本（沖縄県外）に引き取らせること」だと思うようになった人たち。在日米軍の飛行差し止めを日本の司法が認めたことはまだ一度もないというのに、それを求めて、あえて裁判を始めた普天間爆音訴訟の原告団長。沖縄の自然環境破壊と軍事基地政策の深い関連を見抜き、沖縄島北部の奥間ダム建設を止めさせた人。一六〇九年の薩摩の琉球侵略と一八七九年の近代日本国家による琉球併合まで遡り、沖縄の立場を、日本によって元来の土地が奪われた先住民族だとして、世界各地の先住民族と連携し、自己決定権を国連に訴えている人（その成果として、国連人権委員会が琉球民族をアイヌ民族と同様、日本の先住民族であると日本政府へ勧告した）。いわゆる「沖縄返還協定」が批准されようとする一九七一年の日本の国会に、抗議の爆竹を投げ入れ、その後の裁判では「日本語」ではなく、沖縄の言葉でしゃべろうとした人。反基地運動と同時に沖縄古来の言語の復活普及運動に取り組んでいる人。などなど。

本土の主要メディアにおいて多くの場合、「普天間基地の移設問題」とは、ある基地の所在地の移動、その交渉自体がもつ日米関係への影響の問題として語られる。まさしく、「人のいない基地」問題である。現地の「人」として、多少なりとも、その（予想、仮定される）意思が尊重されるのは、まだ大した反対運動もしていない本土の移設候補地の人々である。長い間大きな反対行動を粘り強く続けてきた沖縄の人々が同じように扱われることはない。

このような沖縄の人間にとって「人のいる普天間基地」問題とは、四百年前の薩摩の琉球侵略以来の、沖縄と日本の関係性の問題の、ひとつの具体的にして象徴的な表われなのである。

これこそが、彼が、目の前にあるのに、見ない・聞かない・伝えないことであった。これは彼個人やその職場だけではなく、政府はもちろん、在日米軍基地を欲しながらも平等な基地負担はしない・日米安保をなくさない・なくせない本土社会の多くの人々にも、共通していることではないだろうか。

「基地は本土に戻します」と、誰かいわないのか。

（註1）二〇一〇年一月二十四日、即日開票の結果、普天間基地の名護市辺野古への移転に反対する無所属の稲嶺進氏が僅差ながら勝利を収めた。これによって辺野古移転は事実上不可能になった。

（註2）周知の通り、この期限までに移転は実現できず、鳩山由紀夫首相は責任をとるかたちでみずから退陣した。

「本土へ移してください」

（沖縄からの報告4・二〇一〇年六月号）

アコークロー（夜明け前の蒼い時）を車は行き、四月二十五日、読谷《よみたん》の県民大会会場に着いたのは午前六時。さっそく目立つ場所を確保して、私たちカマドゥー（「カマドゥー小《ぐゎー》たちの集い」）のメンバーは、大阪から来た沖縄三世の青年といっしょに横断幕を張り始めた。「米軍普天間飛行場の早期閉鎖・返還と、県内移設に反対し、国外・県外移設を求める県民大会」の参加者にアピールするためだ。(註)縦一メートル、横三メートルの濃紺の布に白と黄色で書かれた幕が三本の計九メートル。そこには、左から、沖縄県民向けに「とお、なまやさ（さあ、今だ）！　基地は日本本土へ返そう」。真ん中に、「本土」からの参加者へ「基地を日本本土へ持って帰りましょう。なまどー、へえくどー（今だよ、早くだよ）」。そして、右側に外国からの参加者、報道機関へ「People of the world! Watch what Japan and the US are doing! Don't let them force the base on Okinawa.（世界のみなさん！　日米を監視してください。沖縄に基地を押しつけさせないで）」。

次に私たちは近くのガジマルの木の下に座って、前日遅くまでかかって印刷した通信を折った。日本語で書かれたB４サイズの黄色い紙を二つに折り、そこに白いB５の英語文をはさんでいく。カマドゥーは時折「声・こえ・KOE」という通信を発行していて、それには、グループの統一見解というより、一〇人ほどのメンバーが自分の名前と居住地を明らかにしたうえで、それぞれの思い、考えを二〇〇字ぐらいで書いている。今回の大会でも配ろうと私たちは第15号をつくったのだ。

するとか、壮年の男性がやって来て、幕を指差しながら、私たちに聞く。

「ぃえー、あんたたち、これか?」

「あー、はい、そうですよ」

「だー、わたしも手伝おう」

と、このようなおじさまが五、六人現われ、あっという間に折り上がった。

県民大会は午後三時からだというのに、正午前後から会場へ向かう参加者の波は途切れることなく続いた。老若男女、チビッコ、赤ちゃん連れもいる、車椅子の人も。

三つの横断幕の前で、私たちは三千部の通信を「宜野湾のカマドゥーです」といいながら渡した。もらいに来てくれる人もいた。「カマドゥー大好きよ」と声を掛けてくれる人もいた。

私たちの隣で

「基地はアメリカに返しましょう。アメリカですよね。アメリカ、アメリカ」

といいながらビラを配っている人がいた。見るからにヤマトンチュ(本土の人)だった。

「そんなに基地が(本土に)来て欲しくないんだな」

と感じた。でも、

「沖縄の人にそれをいうってことは、結局沖縄に置いておくってことなんだよ。アメリカに返すって、だからそれをどうやって実現しようってわけ?」

と聞きたかった。でも、いえなかった(度胸のない私である。まー、向こうも話しかけてこなかったので、おあいこだけど。しかしあとで聞くと、私の友人のひとりはその人にそのように話しかけ、議論したそうである)。

今回の県民大会がこれまでの集会と違うのは、反戦平和の訴えだけではなく、基地の過重負担は沖縄への差別である、安保が重要というなら本土も平等に負担するべき、本土の国民も考えて欲しい、と公けに語られるようになったことだ。

私が最も心に残ったのは、トイレの外壁に貼られた、手書きのポスターの文句だった。

「もう!! はりさけた おきなわのチムググル」

チムググルとは、他人の痛みも自分のもののように体で感じる心、という意味だ。

「自分の痛みを他人へ移すことは忍びない、と基地の県外移転についてはためらっていた。しかし、本土側がその沖縄の優しい心に自覚もなく甘え、沖縄の負担を当然視する風潮にはもう耐えられない」

という、悩んだ果ての叫びのように感じた。

五月一日。風邪。四月二十七日ごろから体の節々が痛み、熱っぽく、喉がはれ、夜眠れない。

医者に行くといわれた。

「あー、あれだよ、あれ。基地問題。県外移設だっていってたのに、また県内に戻ってきそうでしょ。ワジワジーする（腹立つ）よね。体も悪くなるよ。県民大会もあったでしょ。行き帰りの渋滞で八時間だよ。疲れるさー」

と、それからは、彼の基地問題への怒りが爆発。私が聞き役となった。そして、

「はい、葛根湯」

と帰された。そういえば、前日、私の岩石のような背中をマッサージしてくれたアルゼンチンから来た沖縄二世の女性セラピストもいっていた。

「あれですよ、あれ。県民大会。あのあと、体調悪い人多いですよ。渋滞だし、炎天下の集会だし」

そんなことを思い出しながら病院から帰ってくると、家の前で近所の友達と会った。体調が悪い、とこぼすと、彼女もいった。

「あれよ、あれ。県民大会の氣。九万人の人が、怒りや悲しみの強い気持ちで一つの場所に集まったわけでしょ。そこに来ているのは、生きている人だけじゃないさー。ウヤファーフジ（ご先祖様）も沖縄戦で命を奪われた人もみんな来ていたんだよ。ものすごいエネルギーさー。そんなのをみんな、ドンと受けちゃったのよ」

それで私は、ヒヌカン（台所の火の神。沖縄の祖神・自然神を祭っている）と先祖のイーフェー（位牌）に

線香とミズトオ（お水）、ウチャトオ（お茶）をウサギティ（お供えして）、ティーウサー（合掌）した。「沖縄から基地をなくすように頑張っていますけど、ナイルウッサル、ナイル（できる分しかできません）。でも一生懸命やりますから、ミーマンチ、クゥィミソーレー（見守っていてください）」

そうして、ようやく眠れたのであった。

五月二日。久方ぶりの眠りから覚めた私を待っていたのは、カマドゥーからの電話。鳩山首相が来県して普天間飛行場の徳之島への一部移転と県内移設を発表するつもりらしい。そのさい、普天間基地周辺の住民との対話集会ももちたがっていて、それにカマドゥーも呼ばれた。その対策会議を急遽もつことになり、本日午前十時に集合というのだ。勘弁してよ。ゴールデンウィークに来るなよー。ほんと、こっちの都合考えてないよね。

それでも行きましたよ、カマドゥーミーティング。三日前の二十九日に県民大会の総括・反省会をしたばかり……。こんなにシッチー（しょっちゅう）集まりたくないよ。しかもGW真っ只中の午前中。本当にヤッケー（やっかい、うんざり）日本政府。

五月四日。「対話集会」会場の普天間第二小学校の体育館の入口は、飛行機搭乗時のチェックのよう。金属探知機と手荷物検査。

会場内は黒いカーテンで締め切られ、電気がついて、昼夜不明。一〇〇人の住民は、みな座席が指定され、私ともう一人のカマドゥーメンバーは三列目の両端に別れて座らねばならない。入場から開始まで一時間半待たされ、空気も悪く、パイプ椅子に座っているだけで疲れてくる。

口を半開きにして上空を見つめ、腕を組んで体を斜めにずらしたり、うつむいていねむりをしているような、チョー態度の悪い（演出か？）ダークスーツの男性ばかりの随行員三十二人。彼らを後ろに、一人かりゆしウェアで細身の姿をさらして鳩山首相は、普天間基地の危険性や住民の苦しみに同情の言葉を飾ったあとに、続けて言った。

「その苦しみを減らすためにも、早く移設先を決めなければいけない。それは日米同盟、抑止力、近隣諸国との関係、米海兵隊と陸上部隊との一体性から沖縄県内と近隣地域でなくてはならない」

この会は日本政府主催で、司会進行は最近新たに設けられた「内閣官房沖縄連絡室沖縄分室」の室長。住民からの発言は、指定の十一人のあとは挙手をしなければならず、その司会が仕切った。私も手を挙げたが、当ててもらえない。当たったのは、女性では小学校教師と普天間高校生の二人だけで、あとは全部エスタブリッシュな格好の、大学教授と議員など、男性ばかりだった。

発言させてくれないので、私は

「本土へ移してください」

「本土へ持って帰ってください」

と三回叫んだ。すると鳩山首相が私の方をぎゅっと見たので（にらむ、という感じではなかった）、私も見返し、しばし見つめあった。他にも「納得できない」「沖縄全体のことを考えて」

「恥を知れ」という野次がとんだ。

また、私は
「これまでは、『大のためには小を犠牲にしても仕方がない』という政治だった。しかし、これからは、『小を守るためには大にすこし我慢してもらって、負担を分担してもらう』という政治をしてほしい。それが、政権交代の意味のはずだ」

といいたかったが、野次にするには長すぎた。

会を閉めて首相が退席しようとしたとき、同じく発言できなかったカマドゥーの仲間が首相への手紙を渡そうと近づき、警護者ともみ合いになった。

「沖縄戦を体験した人が元気なうちに元の沖縄に戻してください。県外の人に分担してもらってください」

と彼女がいうと、鳩山首相は答えた。

「はい」

「信じていいんですね」

「信じてください」

二人は握手した（オバマ米大統領にいったという「トラスト・ミー」と同じだが……）。

ただ、私たちが「県外」というと「本土」を意味するが、政府には「徳之島」と利用されてしまう。しかし、徳之島は琉球の仲間であり、「県外」ではない。

誰がどうしようが、県内移設は不可能である。沖縄の私たちがダメだと決めたからだ。そもそも普天間基地は、アメリカが戦争の時に占領して造ったもので、戦争が終わったら沖縄に返すのが当然である。米政府が返還を明言してから十四年たつ。その引き換えに別の基地が欲しいというのなら、そしてそれに日本が応じるのなら、「一体」的な陸上部隊も、「連携したすべての基地」もいっしょに、どうぞ日本本土へ。鳩山首相は他の四十六都道府県で基地平等分担の住民説明会をやって下さい。

五月五日。ネットで首相の沖縄訪問についての報道を見る。

沖縄の猛反発について、東京のマスコミは、首相を激しく批判している。おおっ! マスコミも日本社会も、「県外移設」に賛成なのか。と思いきや、そうではない。では、なぜ首相をたたいているのか。

鳩山首相は、この人たち(本土のマスコミも政治家も一般市民も全部)の利益を守るために一生懸命仕事をしている。沖縄県民に「謝って怒られて、ちゃんと基地を押しつけ」ようとしてきたではないか。この人たちがこれまで通り、日米安保条約があっても、基地負担を自分ではほとんどしなくてもいい、加害者であることも意識しないでいい、守られていると思っていられる、「県民大会」をしなくてもいい、という利益を享受できるように。それなのに、どうして?

宜野湾市の「対話集会」で、鳩山首相が「選挙が近いので、政府の方針をはっきり出さなければならない」というのを私は聞いた。首相はこんなふうに、政権の支持率回復に努めている。それなのに、彼は批判される。いったいなぜ？

ようするに、沖縄に基地を押しつけるのは当然だが、そのやり方が下手、といわれているのだ。沖縄に希望をもたせるのは間違いだと。

没落中のアメリカ帝国は、これまで忠実な子分だった日本までもが、離れて（ほんのちょっとだけど）いくことを恐れているのだろう。日本（沖縄に動かされた日本政府）の要求による在日米軍基地体制の変動を、自分たちの凋落ぶりを証明することと警戒し、高圧的に出ているのだろう。いまや、アメリカのそんな振る舞いが通用するのは日本とあと数ヵ国ぐらいだ。そして、それを、現状維持で思考停止、いや思考放棄したい、本土の政治家のみならず、マスコミ、市民も支持している。

日本は国民主権の民主主義国で、安保条約を締結している。そして、日本の人口の九九％が本土の国民である。したがって、第一義的に、このような九九％が人口比一％の沖縄に基地を押しつけているといえる（その国民主権や民主主義が不完全なものだとしても、そのツケを沖縄に負わせているのだ）。

このような日本のありさまに違和感をもつ本土の人も少なくないのかもしれない。ならばそういう人こそ、沖縄から基地を引き取り、自分の周囲の日本社会に呼びかけていかねばならないだろう。

「この基地は私たち本土の人間のものであり、私たちが自分で負担しながら、けりをつけなければならない問題である」と。

そうでなければ、本土の人たちは、アメリカとの問題や、「抑止力」が必要と思ってしまうほど信頼感がもてない（むしろ「自己の投影」だと思うが）アジア近隣地域との問題など、当事者として考えることもしないまま、できないまま、いつまでたっても克服できないと思う。そして、そもそも沖縄を犠牲にしても平気でいられる心も。

日本（「本土」）の人は、私たちの東アジアの隣人である以上、変わってもらわなければ困るのだけれど……。

（註）この日、沖縄一三〇万県民のうちの九万人が集結したことになる。

（沖縄からの報告7・二〇一〇年九月号）

普天間基地の軍開き

「カマドゥー小《ぐゎー》たちの集い」は沖縄慰霊の日（六月二十三日）の翌々日から、「普天間の軍開き」という活動を始めた。

「軍開き」とは、そもそも、キャンプ・ハンセン周辺の住民が、いつもは入れない基地の中に、特別にフリーパスで入れる日のことを呼んだものだ。各地によって呼び名はちがい（あえていうが沖縄には各地に基地がある）、それぞれ、「基地開放」とか「カーニバル」とかと呼んでいる。しかし、九・一一の直後や、戦争が厳しいときにはそういう日もなくなり、基地内にお墓がある家族が葬儀に際して、納骨のために立ち入ることも認められなくなる。

カマドゥーでは、これまで軍が決めていた「軍開き」を自分たちの手で恒常的にしよう、との思いを込めて、その名称を用いることにした。そして、みなそれぞれの地域で「軍開き」をしていこうと、呼びかけている。「軍開き」には、最終的には、軍そのものを開く、つまり解体するという大きなヴィジョンにもじつは（こっそりと）つながっている。

第一回の軍開きでは、まず普天間基地第三ゲート前まで歩き、基地の金網にリボンや折鶴を結わえつけた。ゲート前では、参加者一七人で「軍開き宣言」をし、サンシンに合わせて歌を歌った。そして、集った一人ひとりの思いを時間をかけて語り合った。

歌とは、「軍開き口説《くどぅち》」で、沖縄の古典音楽「上り口説《ぬぶいくどぅち》」のメロディーに合わせてカマドゥーで作詞したものである。

沖縄の闘っている状況のなか、みんなで歌える歌がほしいね、と、私たちはこのところずっと話してきた。そういう場では、沖縄の「日本復帰」前後に生まれた歌が歌い継がれている。人々の思いをのせてきた大切なものだとは思うが、

「いまの私たちの気持ちにもっとぴったりするのがほしい。誰かつくらないかな～」と。

五月二十三日、鳩山首相（当時）が再来沖し、沖縄島の辺野古に普天間基地を移設し、徳之島に訓練を一部移転すると発表した。それに抗議するために県庁前に集まった群衆の中に私もカマドゥーシンカ（仲間）もいた。その抗議活動のなかでも、「沖縄を返せ」が歌われた。これは「復帰」運動の頃、沖縄と「本土」の連帯活動のなかから生まれ、ある日本人が作詞したものだという。その歌詞はこうだ。

固き土を破りて　民族の怒りに燃ゆる島　沖縄よ
われらとわれらの祖先が血と汗をもて　守り育てた沖縄よ
われらは叫ぶ、沖縄よ　われらのものだ　沖縄は
沖縄を返せ　沖縄を返せ

九〇年代、私が大学生だった頃には、沖縄の民謡歌手大工《だいく》哲弘さんが、民謡の節回しで「沖縄を返せ　沖縄へ返せ」と微妙かつ重大にも歌詞を変えて歌っていた。集会で歌われるのはこの大工ヴァージョンでさえない。

復帰運動世代は燃えるらしいが、いまの私にはイマイチのれないのである。「民族」って何民

族？「われら」って誰？　そもそも「復帰運動」や「復帰」とは何だったのか？と思ってしまうからだ。それになんか、かたいしマッチョだし……。

集会が終わって私たち（子連れの私とカマドゥーシンカ）は近くのデパチカに昼食に行った。うちの子はしょうゆラーメンとチャーハン、大人は塩ラーメンとタンタン麺を食べながら、「やっぱり新しい歌がほしいよね」という話に、再び、なった。

「だっからよ〜。もうワッター（私たち）でつくる？」

「え、でも、作詞も作曲もやり方知らないよ」

「いいさー、もう、作曲はしないで、沖縄の誰でも知っている曲の替え歌にして、詩だけ、つくれば？」

「じゃあ、『上り口説《ぬぶいくどぅち》』なんかいいんじゃない？」

「詞はどうする？」

「みんなで、気になる言葉やフレーズを書き出していって、それを適当に曲にのせちゃえば？」

「やさ！（そうだね！）」

ということで、そのUさんの原案にカマドゥーシンカみんなで、あーだこーだとつくっていった。

「去った」七月、私は大阪で「沖縄に基地を押しつけない市民の会」主催の「七・六討論会　私達関西にとって本土移設とは」に出た。そこで、私はこの「軍開き口説」を壇上で歌った。前もって、「上り口説《ぬぶいくどぅち》」の替え歌を歌うと連絡していたら、大阪の大正区と京都在住のウチナーンチュが駆けつけてくれて、サンシンを弾いて、一緒に歌ってくれた。

関西沖縄文庫の金城馨さんが「沖縄の女性には、闘いのなかで自分の思いを琉歌にのせて表現する伝統があるんだよね～」といった。ＣＴＳ闘争のときにもそういう女性がいたし、金城さんが尊敬する大正区の沖縄出身のおばあさんもそうだったそうだ。なるほど。しかし、私たちには、伝統を受け継ぐという意識はまったくなく、ただ、歌をつくりたくてつくっただけなのだ。しかし、そういうことがまさに文化とか伝統とか呼ばれるありようなんだろう。

歌詞のなかには、「在日米軍専用施設が沖縄に集中する」ことを示す、お決まりの「七五％」という数字が出てくる。これについて、カマドゥーのなかからは「歌いにくいよ～」の声も上がった（実は私）。しかし、提案者のＵさんは「絶対《じぇったい》入れたい」と主張したのだ。大阪の沖縄人社会でも、この歌いにくい部分を「沖縄語らしく『ひちーじゅーぐパーシントゥ～』と歌ったほうがいい」とか、「いや、七十五は七十五なんだから『なーじゅうごパーセント～』でいい」とかの議論で盛り上がっていた。ああ、いずれにせよ「七五％」なのである。

ちなみに、カマドゥーでは練習中、「上り口説《ぬぶいくどぅち》」に合わせるのは難しい、もっと陽気なメロディがいいと「だんじゅかりゆし」に曲を変更する提案もあったが（実は私）、他のメンバーによって即座に却下された。

以下がその「軍開き口説《くどぅち》」である。

1、普天間ぬ空《すら》や　わったーむん
普天間ぬ大地や　わったーむんどー
今《なま》やさ　揃《す》りてぃ軍開ち
（普天間の空、大地は私たちのもの。いまだ一緒に、基地を開こう）

2、今《なま》や金網　隔《ひだ》とーしが
しまの暮らしぬ　あいびたん
今《なま》やさ　揃《す》りてぃ軍開ち
（いまは金網が隔てているけど、村の暮らしがありました。いまだ一緒に、基地を開こう）

3、基地やあらん　しまどぅやる
宜野湾《じのん》　神山《かんじゃん》　新城《あらぐしく》
佐真下《さましちゃ》　中原《なかばる》　やいびーん
（基地ではありません、村なんです。宜野湾　神山　新城　佐真下　中原です――〔地域の名　著者注〕）

4、哀り　戦や　終《う》わたしが
懐《なち》かししまや　基地に取《とう》らり
金網側《すば》に　暮らちょーいびん
（つらい戦争は終わったけれど、懐かしい村は基地に取られ、金網の側で暮しています）

5、
忘《わし》てーうらんさ　しまぬくとぅ
忘《わし》りらりーみ　しまぬくとぅ
子孫《くぁんまが》んかい　知らしみら
（ふるさとのことは忘れていない、忘れられない。子や孫に教えよう）

6、
戦やならん　教《うし》え守《まむ》てぃ
闘てぃちゃーびたん　基地反対
やしが　くぬ基地や　誰《た》ーむんやが
（戦争はダメだとの教えを守り、基地に反対してきたけれど、この基地はいったい誰のもの？）

7、
憲法求《むとぅ》みてぃ　復帰しちゃしが
安保押《う》しちきらってぃ　七五%
重《うぶ》さぬ長さぬ　かたみらん
（憲法を求めて復帰したけれど、安保を押しつけられて、七五%。重くて長くて担えません）

8、
基地《きちぇー》　引取《とぅ》りよー　日本人《やまとぅんちゅー》
いったーむんやさ　くぬ基地や
どぅーくるさーに　かたみりよ
（基地は引き取りなさい、日本人。あなたたちのものですよ、この基地は。自分でなんとかしなさいよ）

9、
まんがたみ　すなよーやー　若者《わかむぬ》ちゃー

心配《しわ》や　すなよー　わらびんちゃー
沖縄《うちなー》ぬ力　信じりよ
（自分のせいだと抱え込まないで、若者たち。心配しないで、子どもたち。沖縄の力を信じなさい）

10、

沖縄《うちなー》ぬ空《すら》や　わったーむん
沖縄《うちなー》ぬ大地や　わったーむんどー
今《なま》やさ　揃《す》りとぉてぃ　軍開ち
（沖縄の空、大地は私たちのもの。いまだ　みんなで力を合わせ　基地を開こう）

「普天間基地の軍開き」では、日英両語のビラを米兵にも渡した。帰宅のために基地から出てきた米兵の車が信号待ちで止まったとき、窓をノックして「こんにちは、これ読んでね」と日本語あるいは沖縄語でにっこり渡すのだ。だいたいは礼儀正しく受け取る。私を汚い虫のように追い払ったのは一人だけだった。

ビラを読み、慌てて基地内へ引き返した米兵が一人いて、すぐに米軍警察（MP）がやってきた。普天間爆音訴訟の原告団長、島田善次さんが厳かにゆっくりと近づいていって、ビラを渡した。MPたちはそれを熱心に読んだ。大成功だ。イラク・アフガニスタン戦争と疲れているだろう米兵が、基地の外でどう思われているかを一人でも知れば、それは基地の中できっと噂になる。兵士の一％が動揺すれば、軍隊の士気は下がる。

ＭＰは沖縄人の警備員を呼び、私たちを注意させた。現地人同士を対立させる、植民地支配の典型的なやり方だ。そして、その沖縄人警備員が私たちにいうには、ゲート前も基地の敷地なので、路側の白線の内側には立ってはいけない。したがって、私たちの立っていい場所とは、その白線の外側と基地の金網の間のおよそ五十センチ幅の土地であった。

私はビラを渡した米兵が「基地外基地」（基地の外、沖縄の民間地域内にある米軍用住宅）に帰っていくのを見送った。私たちは基地の中に入れないのに、彼らはフェンスの中も外も出入りし、自由に沖縄内を移動している。

私たちが米兵に渡しているビラとは次のようなものだ。

To the US Marines in Futenma Air Station.（普天間基地の米海兵隊員のみなさんへ）

We are a group of women from Ginowan City. We have been campaigning for the removal of this base from our city for years. We are tired of the noise, the danger, the humiliation it brings. And, we do not believe that you are here to protect us (probably you don't believe it, either.)（私たちは宜野湾市の女性グループです。私たちはもう何年間も私たちの街からこの基地をなくそうと活動してきました。基地がもたらす騒音、被害、屈辱にうんざりしているのです。そして、私たちはあなた方が私たちを守るためにここにいるとは思っていません。あなた方だって、そう思っていないでしょう）

This and other US bases in Japan are authorized under the Japan-US Security Treaty. Okinawa has never signed such a treaty. Tokyo has signed it. In Okinawa, only 7% of the people support this treaty. In mainland Japan, it is supported by 75% of the people.（この基地や他の在日米軍基地は、日米安全保障条約によるものです。沖縄は決してそんな条約にサインしていません。東京がずっとサインしているのです。沖縄でその条約を支持しているのは、たったの七%で、日本本土では七五%の人々が支持しています。）

Futenma base will be closed—that is already decided. It will not be moved to Henoko—the Okinawan people have made that impossible.（普天間基地は閉鎖されます。これはすでに決まっていることです。辺野古には移設されません。私たち沖縄人がそれを不可能にしました。）

Are you happy for being sent to the place where the people want you to go away? Don't you want to move to the place where you are supported? Yes, of course you do. That place is MAINLAND JAPAN. Tokyo maybe? Osaka? Saga? Ibaragi? Iwakuni? Atsugi? Think about it.（あなた方に出て行ってほしいと思っている人々のところへ送られて、あなたは幸せですか？ 支持されているところへ行きたくはないですか？ もちろん、そうですよね。それが日本本土です。おそらく東京ですかね？ 大阪？ 佐賀？ 茨城？ 岩国？ 厚木？ 考えてみてください。）

Kamaduu　カマドゥー小たちの集い

日本（「本土」）の人も、沖縄から基地を引き取りつつ、自分の手で「軍開き」をしていってほしい。

猫と本と植民地主義

（沖縄からの報告10・二〇一〇年十二月号）

本欄では、これまで、カマドゥー小《ぐゎー》たちの集いの活動報告を中心に書いてきたが、今回は恐縮ながら、私事を報告したい。猫を飼い始めたこと、初めての著書を出版したことについてだ。

我が家にやってきたのは、生後一か月半ぐらいの、体長二〇センチ、全身明るい茶色の子猫だ。娘と夫が近所のマチヤグヮー（小さな商店）からもらってきた。名前はまだない。家族の意見が分かれ、決まっていないのだ。

娘（小2）の第1提案、「ニャンコ」。理由「猫だから」。反対意見「そのまんまだろ」。第2案、「キャット」。理由「猫だから」。反対「英語になっただけだろ」。

息子（小4）の第1提案、「猫男」。理由「オスだから」。反対「それもそのまんまでしょ」。第2案、「猫男爵」。理由「オスだから」。反対「男性中心主義」「貴族制反対」。第3案、「猫海賊」。理由「海賊にあこがれているから」。反対「画数の多い字が頭に浮かび、落ち着かない」。反論「そんな漢字、俺、まだ習ってないし」。

夫の第1案、「コロンボ」。理由「家族でよく『刑事コロンボ』のビデオを見るから」。反対

「ドラマに出てくる名前はいやだ」。第2案「コロン・ボー」。理由「ちょっと変えてみた」。反対「日頃からコロン（植民者）と闘っているから、家猫までコロンだといやだ」。

私の案、「我如古《がねこ》キャプテン」。理由「ファンだから」（「我如古」とは、沖縄県勢初の「全国」高校野球甲子園春夏連覇を果たした興南高校野球部のキャプテンの名前である。「この優勝は沖縄県民で勝ち取ったものです」という名言を残した）。

以下、独り言である。

反対——「いつまでも、夏の甲子園で燃えているのはいかがなものか」。

反論——「沖縄人の成功体験を十分味わうことは、沖縄人の植民地解放闘争勝利に必要なものである」。

再批判——「しかし、それは、代理体験ではなく、各人がそれぞれ獲得すべきものではないか」。

再反論——「代理体験でもそれを集団的に体験することには意義がある」。

結論——「とにかく、興南高校はかっこよかった」。

ということで、われわれは、それぞれ気に入った名前で猫を呼んでいる。誰が最後まで呼び続けることができるか、だ。しかし、それでは猫のほうは自分の名前を覚えにくく、早く統一したほうがいい。そう思った心やさしい人から脱落していくのである。

マヤー（猫）をくれたマチヤグヮー（商店）とは、バス通りから我が家へと向かう坂道のふもとにある。中に入ると、食料品や日用品の並ぶ棚の向こう、レジの隣の壁伝いに、赤いビールケースをひっくり返し、その上に小さな座布団が敷かれた椅子が二〇個ほど並んでいる。壁の一番上の方には、赤く縁取りされた八つ切り画用紙ほどの紙に、黒マジックペンで太く、「〇〇大学合格！△△高校　誰それ」と名前が書かれ、その下に、「十年後自分がなっていたい／いるはずの夢」が書かれている。

そこでは、いつもちょっとしたお惣菜、おにぎり、お弁当、お菓子が売られ、その近くにある五軒の学習塾、予備校の学生がビールケースの椅子に座って、それを食べ、友達同士、あるいは、その店のおばあさんとユンタク（おしゃべり）している。

そのマチヤグヮーに

「ねずみで困っていませんか。子猫あげます」

の看板が出たのである。そして、はい、我が家は「ねずみで困ってい」ます。

私たちの家の北側の隣には一四〇年続いているお味噌屋さんがある。そうなると、東側の隣人いわく、「味噌をつくるのに、豆がいる。豆があると、ねずみが来る。ねずみがいると、ハブが来る」。

そこの味噌工場と私たちの家の間には、四〇〇年前（薩摩の琉球侵略の頃か）にできたといわれる石垣（古い石垣には必ずハブが住んでいる）と小さな森とガマ（洞窟）がある。その味噌屋はそのガマに、沖縄戦当時、味噌つくりの道具とともに避難していたら、日本兵に追い出されて大変だったそうだ。

その森の樹木をつたって、ねずみは私たちのベランダに渡り、家じゅうのアルミサッシ網戸に穴を空けた。そうして、ヤツラは家の中にやってきた。当初五匹を捕獲したねずみ取りには、もうひっかからない。かといって、毒をもりたくはない。しかし、このままだと、ねずみの進入口からハブまで来そうだ（ハブは木に登る）。野良猫が時たま外をパトロールしてくれるのだが、子どもたちの「ペットがほしい」との声もあって、私たちは家の内部を担当する専属のハンターを養成することにしたのだ。

いまはまだ、トイレの場所を認識せず惨劇をまき散らしたり、あとはニーブイカーブイ寝てばかりの子猫であるが、早く立派に成長して、我が家の窮状を救ってほしい。

と、ここまで書いたところで、未來社の西谷社長から、本号に載せる「未来の窓165」の原稿が送られてきた。(註) それを読んで、急きょ予定を変更して、その感想というか、応答を書きたくなった。次回の執筆は三か月後なので、それまで待っていられない。私のことを高く評価してくださっているのは、有り難く、恥ずかしく、照れくさい。同時にそれとは別に、いくつか重要な（と私が思う）ポイント、あらためて説明したいことがあるのである。

まず、西谷さんの最後の言葉「この論点と立場をわたしは断固支持していくつもりである」という力強い言葉に感謝したい。

西谷さんも出席してくださった私の著書の出版祝賀会で、本誌（「未来」）にもお書きの批評家、仲里効さんが、ご両親の出身地である伊是名島の言葉で挨拶してくださった。そのとき、私に対しては「毀誉褒貶」があり、その「毀」「貶」のほうは、主にアカデミズムを名乗る方たちによるものだとおっしゃった。また、小説家の目取真俊さんによる私の著書の書評でも、「著者の主張にはこれまでも、共感や困惑、反論などさまざまな反応があった」（「沖縄タイムス」二〇一〇年十一月五日号）とある。

ただ、そのような「毀」「貶」「困惑、反対」がこれまで公に冷静に議論されることはほとんどなかった。多くは、感情的反発、無視、沈黙、目を合わせない、気まずい雰囲気、シンポジウムの出席拒否などとして表わされてきた。また、反基地運動の集会では私が発言すると、支持の拍手とヤジに分かれることがある。ヤジの中身は

「沖縄に基地を押しつけているのは政府であって、日本人じゃない」

「運動しない沖縄人が悪い」

「うるさい」

「だまれ」

「ちがうちがう」

などである。それは主に、沖縄に「連帯」しに来ている日本人運動家によるもので、また、その「連帯」を重視する沖縄人によるものもある。

私（たち＝「カマドゥー小の集い」のこと）の「基地は県外へ」の主張を聞くと、その部分だけで反安保、基地反対の日本人運動家は「安保、基地・軍隊を肯定している」と私たちを批判することが多い。その先は聞かない。聞いても耳に入らないようなのだ。

なので、特に、日本人の西谷さんが、私（たち）の「県外移設」の主張が「日米安保の廃棄が現実的にできないいまの段階では、基地被害を一方的に沖縄に押しつけるのではなく、痛みを日本全国が共有すべきであり、その痛みへの認識のなかから米軍基地の廃絶、日米安保の解体という全国民的な道筋をつけるべき」というベクトルをもつものと、冷静に、読み取ってくださったのはよかった。

ただ、「痛み」という西谷さんの言葉に私が意味することを、読者に誤解がないように、ここで書いておきたい。多くの場合、「痛み」というと、「沖縄の痛み」という言い方が、日本（ヤマトゥ）では耳に馴染み、すぐ連想されるのではないか、と危惧するからである。

「痛み」が、基地負担、基地被害を意味するのなら、それはそもそも、「沖縄の痛み」ではない。それは元来、「日本（ヤマトゥ）の痛み」なのである。日米安保を締結し、（賛成であろうと反対であろうと）維持しているのは、日本（ヤマトゥ）だからだ。また、沖縄に基地が集中しているのは地理的に仕方のないものでもない。軍事技術や実際の軍事戦略は、沖縄の地理的優位性など否定している。沖縄への米軍基地の七五％の集中は、歴史事実として、第二次世界大戦後、日本（ヤマトゥ）のサンフランシスコ講和条約による「独立」にともなう米軍基地の整理縮小によって、またその後の日本（ヤマトゥ）での米軍基地反対運動の盛り上がりによって、日米両政府が沖縄に基地を移設したこと、そして、今年（二〇一〇年）、「最低でも県外」といった鳩山首相の提案を沖縄県以外のオールジャパン（ヤマトゥ）が断るというような政治によるものなのである。

したがって、私の主張とは、「日本（ヤマトゥ）は自分の痛みを沖縄に肩代わりさせずに、自分で担い、いやなら自分でなくせ」というものなのである。

それは、安保廃止がすぐに実現できそうにない日本（ヤマトゥ）の政治状況のなかで、安保反対派も安保賛成派もともに、「自分たちの場所のどこにどの程度の基地ならもてるか」を話し合い、実際に沖縄から引き取りながら、安保解体、基地廃絶の道筋をつくっていく、ということだ。これが、沖縄への差別を脱し、同時に憲法9条を実現していく途ではないのか。これは簡単なことではないだろう。しかし、このような努力こそが「日本全国が共有すべき痛み」ではないか。「痛み」とは想像上のものでも、観念的なものでもない。

次に、西谷さんが二次会で「これまでのどちらかと言えば歓迎される立場とはいささか異なった雰囲気」のなかにいた、ということについて。

それには私も気づいていて、「守礼の邦」の民とされてきた身の上には、「心苦し」かったのだが、正直にいうと、あえて私は、他のお客さんと区別して、西谷さんへ「異様な雰囲気を排するような配慮」をしなかった。「私のパーティー」ならもちろんお客さんは誰でも、居心地良く過ごせるようにしただろう。しかし、そうしなかったのは、私はこの祝賀会を「沖縄人のエンパワメントの場」、そして、「沖縄人と日本人が対等に出会う場」にしたかったからだ。

沖縄には、日本人がいると「わざわざ来てくれた客」として歓迎し、大切にする傾向がある。「遠来の客を歓待する」のは「守礼の邦」の精神だろうが、沖縄の文化人の世界や平和運動の場では、ちょっとやりすぎではないか、と見えることもある。沖縄人は身内だからと後回しにされたり、日本人が大きな声で話し、その場のイニシアチブをとりたがったり、不愉快な話をしたりして、沖縄人が楽しめなくなり、のびのび自己表現できなくなっても、沖縄人のほうが我慢させられたりする。私には、それは、植民地主義が行使される沖縄の歴史において、本国人が一級品で、原住民は二級品、三級品のように扱われる植民地の価値基準と重なって見える。植民地主義の文脈において、沖縄では、依然として、日本人はただ日本人というだけで、権力をもっているのだ。また、それは、日本（ヤマトゥ）政府の沖縄への基地押しつけを支える日本人中心主義、日本人優先主義にもつながっているようにも思う。日本（ヤマトゥ）の沖縄への基地の押しつけとは、政府による意図的なものだけではない。一人ひとりの日本人とそれに協力してしまう沖縄人によって、「無意識」に、日常生活のほんの小さなこととしても起こる、微妙な形での日本人中心主義、日本人優先主義が積み重なってできているのではないか。

だから、私はどういう場でも、意識的に「沖縄人中心、優先主義」をとるようにしている。そもそも沖縄人と日本人との平等・対等な関係というものが歴史的、政治的に実現したことがない以上、私は、そして、日本人のほうも、両者の「平等・対等な関係」というものを知らない。不平等な関係を自分の正当な権利と思ってしまっているような日本人も多い。だから、私がやっていることは、実のところ、「中心」でも「優先」でもないかもしれない。きわめて普通の、ただの「平等」なことでしかないのかもしれない。

あの二次会には、私が覚えているかぎり、西谷さんの他、三人の日本人がいた。みな、私自身や私の仲間たちがさまざまな、時には互いにつらい議論を重ねて信頼関係をつくってきている人々だ。かれらは、だから、あの場の意味をわかっていただろう。しかし、西谷さんとはまだ、そういう議論をしたことがなかったので、どういうふうに受け取ったのだろうかと、思っていた。なので、今回、場の「かなり厳しいもの」「いささか異なった雰囲気」「ヤマトの出版人の立場から沖縄にかかわることの微妙さ」を感じつつも、最後までいて、「ヤマトンチュー」の「責任」を再認識したという話が、興味深かった。

（註）この文章はその後、単行本にまとめられた西谷能英『出版文化再生——あらためて本の力を考える』にも収録されているので、参照されたい。

「逆格差論」を考える

（沖縄からの報告2・二〇一〇年四月号）

與儀秀武

1

日本という近代国民国家のなかにあって、沖縄社会が疎外され、被抑圧的な立場に置かれていることがしばしば指摘される。その現状に対して批判的に対峙しようとするとき、その立場は大きく三つに分かれると考えられる。一つ目は、沖縄を主権国家の内部に調和的に位置づけ直すことで、発言権を獲得しようとする立場（沖縄イニシアティヴ論など）。二つ目は、既存の近代国民国家の枠組みを前提としながら、沖縄が主権国家となるか、あるいは主権国家に準ずる自決権をもとうとする立場（道州制の論議を踏まえてなされる自治論、自立論など）。そして三つ目は、近代国民国家の抑圧的な権力構造を踏まえ、沖縄社会を主権国家とは異なる別の理念に開こうとする立場（反復帰論、琉球共和社会論など）。以下の議論は、沖縄の今日的な実情を踏まえながら、三つ目に挙げた、主権国家でないものになろうとする沖縄の立ち位置から、どのような社会認識が垣間見えるか、という問題意識を念頭に置いて書かれている。

2

昨年（二〇〇九年）夏の政権交代以降、沖縄では、市街地の中心に位置し「世界一危険な基地」とも呼ばれる米軍普天間飛行場の移設問題が、名護市辺野古沖のキャンプ・シュワブ沿岸部へのV字型滑走路の建設（現行案）ではなく、県外、国外へ移転され、過重な基地負担の軽減が実現されるのではないかという機運が高まっている。県民世論調査では、「県内移設について、県民の六八％が反対」（「沖縄タイムス」、二〇〇九年五月十四日）との結果をはじめとして、従来から新基地建設に反対してきた各政党はもとより、自民党県連や沖縄経済同友会といった、従来は辺野古への基地建設を容認する立場だった組織にも県内移設反対の動きが広がり、ほぼ全県的な動向となっている。

このような県内世論の変化をもっとも象徴的に示しているのが、今年一月に行なわれた名護市長選挙の結果である。同選挙では、普天間の辺野古移設に反対する新人の稲嶺進氏が、移設を条件付きで容認してきた現職の島袋吉和氏を破って初当選した。当選直後、報道各社の取材に答えた稲嶺氏は、あらためて「辺野古の海に基地はつくらせない」と移設反対の立場を示し、地元の民意が新基地移設反対であることを明確にしている。

しかし、このような動きとは対照的に政府与党、民主党の姿勢は頑なである。鳩山内閣は現行案も新たな移設候補地の選択肢から除外しないまま、移設先の決定は五月に先送り。このようななかで、平野官房長官は、名護市長選で移設反対の稲嶺氏が当選した結果について「(民意を)斟酌する必要はない」と発言するほか、「法律的に合意がいらないケースもある」と強権的に移設を進める可能性にも言及した。これと前後して、政府が普天間の移設候補地として、名護市辺野古のキャンプ・シュワブ陸上部をはじめとする沖縄県内の複数の場所を検討していることも報道で取りざたされている。このようななかで、沖縄ではしだいに「県外、国外移設」の主張がトーンダウンしていく鳩山政権への批判と、それを是認し、県内移設反対という沖縄県民の世論よりも、しばしば日米合意(現行案=県内移設)を優先させようとする国内メディアや国内世論に対するいらだちが高まっているように見える。

このように普天間問題の経緯を見ていると、結局、政権交代後も日本という近代国民国家の枠組みのなかにあって、沖縄社会が疎外され、被抑圧的な立場に置かれている状況は依然として変わらず、過重な基地負担は、今後も国家から暴力的に押しつけられ続けられるのではないかという懸念が膨らむ。日本という国家と沖縄社会のこのような軋轢が端的に露わになっている現状を前にすると、沖縄が日本という国家の一部に位置づけられていることはそもそもどういうことか、国家の強権や介入によらない社会の自立はどのように可能なのか、という基本的で根本的な疑問が脳裏をよぎる。

その時に、あらためて思い返されるのは、ほかでもない。目下、普天間飛行場の移設先として取りざたされている当該地の名護市が一九七三年に策定し、先進的であるとして内外から注目を集めた「逆格差論」と呼ばれる地域計画の内容である。

3

一九七二年の復帰を境にして、沖縄には日本からの大規模資本による経済開発が進んだ。七五年の国際海洋博覧会の開催とも相まって、企業による土地の買い占めやリゾート開発、公共事業による資本投入は、圧倒的な勢いで復帰以降の沖縄社会を呑み込んでいった。これに対し、名護市は一九七三年、「名護市総合計画・基本構想」を発表し、「現金収入が少なくても、自然や文化に囲まれた暮らしこそ本当の豊かさ」という立場から、開発主義や所得格差に翻弄されない自立した地域社会の構想を模索する、いわゆる「逆格差論」を掲げ、地域おこしの新たな境地を模索した。「基本計画」では、既存の商品経済至上主義、開発主義と決別するように、以下のような姿勢が強調されている。

「現代は地域計画が本質的に問われている時代である。我々が自然の節理を無視し、自らの生産主義に全てを従属させるようになった幾年月の結論は、今自然界からの熾烈な報復となって現われ、人間は生存の基盤そのものさえ失おうとしている。従って、名護市の総合計画を策定するに当っては、本計画が一つの地域計画として全体世界にかかわりをもち、地球上の一画を担当していることの重要な意味を認識すると共に、本市の市民一人一人に、人間として最も恵まれた生

活環境を提供してゆくことに、基本的な目標をおくべきであると考える。」（はじめに）

「あなた方は貧しいのです、という所得格差論の本質とは、実は農村から都市への安価な工業労働力転出論であり、中央から地方への産業公害輸出論であり、地方自然資源破壊論であったと見ることができよう。」（2、逆格差論の立場）

「たしかに復帰後、県民の日常生活の中で所得の差は大きな問題となり話題となっている。しかし、県民のこの生活実感を通した所得格差への問題意識は、所得格差論的発想ではなく、何ら本質的な施策や見通しを具体化させずに、復帰を急いだことに対する批判と考えなければならないものであろう。こうした県民の批判と生活要求の本質を認識しない沖縄開発論は、北部開発の起動力と称する『海洋博』においてすらすでに明らかな農漁業破壊の実態を見るまでもなく、自立経済の確立どころか、ついに沖縄を本土の〝従属地〟としてしか見ない本土流の所得格差論をのり超えることはできないのである。」（2、逆格差論の立場）

「逆格差論」の理念は、当時、日本全体を覆った経済至上主義の流れと真っ向から対立するものとして、県内外で反響を呼んだ。発表から三七年を経た二〇一〇年の今日、あらためてその内容を目にしても、その理念はより切実な意味を帯びて私たちの社会の在り方に反省を促す視点を提示していると思える。

筆者が、とりわけここで自身の関心と引きつけながら注目したいと思うのは、「基本計画」の文中でそのような表現が用いられてはいないものの、「逆格差論」の立論が、国家（＝沖縄社会の日本への復帰）に批判的な眼差しを投げかけながら、それに依存しないような、名護の地域共同体の中にある一種の「コミューン」的な可能性を背景に成り立っている、という点である。数値化された経済指数や尺度では計れない文化、自然、生活の豊かさ。その豊かさを資本制の商品交換に拠らない相互扶助的な社会性に見る視点。そのような社会像を、過剰な拡大再生産と優勝劣敗を強いない、地産地消の経済基盤や互酬的な交換関係として再評価する姿勢。これらの特徴は、常に利子や利潤を生みだすことを強いる資本制の交換原理や、暴力を背景とした国家の強制力に翻弄されることなく、地域社会の自立した社会像を模索しようとする明確な意図に裏づけられ、立ち上げられたものであるように思う。

あらためて考えてみると、このような社会構想は、これまでも歴史的にさまざまな形をとりながら考えられてきたものでもある。たとえば、マルクスが『フランスの内乱』で「パリ・コミューン」に見たように、中央集権的な権力（国家）に依らずに、諸個人の自由な連合が平等な諸関係を築く社会像。また、プルードンらのアナーキストが、貨幣の商品に対してもっている優位性（王権）を廃し、政治権力と同様に、資本の強制力を失効させ相互扶助的な「アソシエーション」を組織することによって目指した社会変革。これらの社会像を念頭に置いたとき、資本と国家の強制力とは一線を画し、新たな共同体の可能性に着目した「逆格差論」の発想が、互いに通底する問題意識をもっていることが浮かび上がってくる。

4

「逆格差論」は、自由で平等な新たな社会の実現を目指した「コミューン」的な社会構想の系譜に位置づけられるものであり、オルタナティヴな地域社会の在り方を志向する可能性を含むものだった。しかし、いまここで筆者が意図することは、そのオルタナティヴな社会構想を単に楽天的に評価することではない。むしろ必要なのは、「逆格差論」が資本と国家の強制力に左右されない、新たな社会像を目指しながらも、逆に、国家と資本に結果として敗北したことを教訓的に再吟味することである。

しばしば指摘されることだが、「逆格差論」以降の名護市の歩みは、自らがかつて否定した開発主義や国家への依存志向へと大きく方向転換していった。雇用の減少により若年者が外部に流出し過疎化が加速した同市は、バブル時の一九八八年に策定された新しい総合計画で、開発志向に大きく軌道修正した。またそれから一〇年後の一九九九年、当時の名護市の岸本建男市長は、日本政府が求める名護市辺野古沖への新基地建設を受け入れ、その見返りに莫大な政府資金で地域振興を図る道を選択した（岸本氏はかつて「逆格差論」の策定に関わった人物のひとりである）。結局、「逆格差論」以降の名護市の歩みを振り返るとき、その道行きは「逆格差論」の理念とは逆向きに、単なる「格差論」に翻弄され、国家と資本への依存を強めていくプロセスだった。

ここから私たちは何を学ぶべきなのか。「逆格差論」から逆説的に浮かび上がるのは、国家と資本の強固さである。振り返ってみると、「逆格差論」にせよ、社会主義者の「パリ・コミューン」にせよ、アナーキストの「アソシエーション」にせよ、新たなコミューンを志向する社会構想の実践は、これまで短期的に、ローカルにしか展開されなかった。逆に、これまで長期的にグローバルに実現されてきたのは、国家と資本の運動であり、それは今日の私たちを取り巻く環境をも強固に規定している。この意味で、以下の指摘は示唆的である。「『資本論』のなかには、これまで充分に注目されてこなかった点があります。つまり、彼（マルクス・筆者注）が資本主義のメカニズムにたまらなく魅了されたのは、まさに資本主義が狂っていると同時に、〈それがゆえに〉非常にうまく機能しているという点です」（G・ドゥルーズ「資本主義と欲望について」『無人島』河出書房新社）。

近代国民国家の抑圧的な権力構造を回避しながら、沖縄社会を主権国家とは異なる別の理念に開こうとする立場を具体化し、持続可能なものとするためには、「逆格差論」の可能性と限界を同時に見据えることが必要である。しばしば指摘されるように、絶対主義国家以降、国家と資本とは互いに密接に結びついて存在している。したがって、その強制力を除去しようとする場合、国家だけを標的にすることはできないし、資本だけを標的にすることもできない。国家の強制力を相対化し新たな社会関係を構築するためには、権力に対する批判と同様に、資本の運動を代補するような、具体的、物理的な生産－消費関係を創出することが不可欠である（国家権力を廃棄するため、マルクスやプルードンが「経済」に注目し、「資本」や「貨幣」についての内在的な分析を行なった理由は、まさにこの点にこそあった)。

普天間移設によって、あらたな国家の強制力が沖縄社会を脅かそうとする現状を前にして、おそらく問いはふたたび逆向きに問い直されなければならない。すなわち、資本と国家を相対化するような、新たな「逆格差論」を、新たな社会構想のあり方を、沖縄の現状や歴史的経験を普遍化しながら、いかに立ち上げることができるのかが、いま切実に問われていることである。

(沖縄からの報告5・二〇一〇年七月号)

日本と沖縄との齟齬

1

米軍普天間飛行場の移設問題が全国的な注目を集めるようになって久しい。しかし、高い関心を集める同問題において、昨今とりわけ顕著なのは、日本と沖縄との間に存在する、大きな見解の相違である。日本という国家と沖縄という社会、両者の眼差しにおいて、普天間問題は、同じ主題の議論とはとうてい思えないような、著しく対照的な立ち現われ方をしている。この違いはいったい何を意味するのか。本文では、その齟齬の意味を検討したうえで、沖縄から垣間見える社会認識の「可能性の中心」を考える。

2

（二〇一〇年）五月に二度にわたり沖縄を訪れた鳩山由紀夫首相（当時）は、米軍普天間飛行場の移設先を名護市辺野古とする方針を表明し、公言していた普天間の沖縄県外・国外移設方針を撤回した。「断固反対」（稲嶺進名護市長）、「極めて厳しい」（仲井眞弘多沖縄県知事）との沖縄側の強い反発にもかかわらず、六月に菅直人副総裁兼財務相が新首相に就任したあとも、普天間の辺野古移設は引き続き維持され、踏襲されようとしている。そして、この普天間問題の推移の過程で、日本のマスメディア上では、東アジアの軍事的均衡を見据え、沖縄の海兵隊は必要だとする「抑止力論」や「地政学的優位性論」、日米関係を重視し、普天間移設の現行案（辺野古移設）に近い形での決着を求める「安全保障論」、民主・社民・国民新党の連立の綻びを契機として、政権運営や参院選の行方までを分析する「政局論」などが主な論調をなした。

しかし、このような議題設定のなかで後景化してしまうのはほかでもない、当の基地負担を担い、日常的に軍事基地の存在によって命の危険にさらされる沖縄の人々の存在である。ここで最も重視されるべきは、これまで沖縄の過重な基地負担によって日本の安全保障が担保されてきたことの是非であるはずだ。しかし、自国の安全のために沖縄に今後も軍事基地を押しつけるべきだとする見解は、普天間問題の関心の高まりとともにマスメディアの識者コメントでも公然と吹聴されており、沖縄の基地負担の過重さは国内において、沖縄の反発とは対照的に、まるで他人事のように、遠い問題としてながめられている。そして、そのような現状で、沖縄に基地負担が集中しなければならない根拠としてしばしば持ち出されるのが「抑止力」や「地政学的優位性」、「日米関係の重要性」などの根拠である。

しかし、政府の普天間移設の方針を追認し補強するかのような、これらの主張への疑問については、たとえば、佐世保配備の海軍艦船と沖縄の海兵隊との位置的矛盾や有事の際の部隊規模の不整合などを例示したうえで、沖縄の海兵隊が本当に抑止力の機能を有しているのかを問う意見（屋良朝博「米軍は沖縄にこだわっていない」、『世界』二〇一〇年二月号）や、米軍がグアムで大きな港湾施設や航空施設の建設を計画しており、「軍事的に見ると、沖縄に米海兵隊のための新基地は不要」であり「軍事的な合理性を欠いている」とする指摘（「沖縄を米アジア戦略の中心と見る『神話』」、我部政明『沖縄「自立」への道を求めて』、高文研）、「日本政府が海兵隊基地の県外移設を望めば可能だ」とする見解（元在沖米四軍調整官、元米太平洋海兵隊司令官「ヘンリー・スタックポール氏に聞く」、「琉球新報」二〇一〇年五月十九日付総合面）など、とりわけ沖縄のジャーナリストや研究者らによる調査、報道によって、これまでにいくつかの根本的疑問が提示されている。にもかかわらず、これまで継続されてきた沖縄への過重な基地負担の是非は、全国民的な問題として明確に主題化、共有化されないまま、普天間の辺野古移設は、現在の日本国内で、なし崩し的に既定路線化され、追認、是認されようとしている。

3

このような日本と沖縄との普天間問題をめぐる著しい認識の齟齬は、近年の沖縄であらためて「温度差」や「差別」と言い表わされ、日本と沖縄とのいびつで非対称的な関係を浮かび上がらせている。ところで、ここで筆者が意図するのは、その相違のなかで、両者の立場を首尾よく折衷し、新たな落とし所や移設先の代替案を提示することではない。逆に、国民国家が答えを強いるそれらの問題機制から一歩退き、日本という国家と沖縄社会との相違点を際立たせることで、垣間見える社会認識を考えることである。

まずここで注意しなければならないと思うのは、「抑止力論」にせよ「安全保障論」にせよ「政局論」にせよ、日本のマスメディア上で流通している見解が、日本という近代国民国家の枠組みを前提にし、その主権を担保する強制力（＝軍事力）をどのように運用するべきか、という発想でなされているということである。これに対し、沖縄側の主張は、多数の一般住民が犠牲になった沖縄戦の「軍隊は住民を守らない」という経験則に裏打ちされた反戦平和の思いを基にしており、現状の過重な基地負担を軽減し、県内に新たな基地建設を許さないという主張の一貫性をもっている。そしてさらに、この主張の背景には、日本国内における沖縄への基地負担の不公平な押しつけがあり、その問題を自身の問題として意識しない日本全体への憤りと、日本という国家がこれまで沖縄社会を継続的に抑圧的状況に置いてきたことへの異議申し立ての意味が含まれている。

この点において参照したいのは、フォイエルバッハの宗教批判に代表される「疎外論」的な考えである。人間は個別的には無力だとしても、類としては限りない可能性（類的本質）をもっている。しかし、実際の人間はその可能性を全能の神という外部の存在に投影し、それに依存している。したがって、神に外部化され、疎外された類的本質を取り戻そうと考えるのが、フォイエルバッハの宗教批判である。そしてこのような疎外論的考えは、日本という国家（神）が沖縄社会（人間）の本来の可能性を奪っており、その可能性（類的本質）を取り戻すことで、沖縄が本来の潜在力を実現するという考えと重なり合っている。

このような考えは、一見いかにも古臭く、素朴に思える。たとえば、東西冷戦期のポストモダニズムの文脈においては、とりわけ「近代的主体」や「理性」、「歴史」といった大文字性を脱構築、脱中心化し、権力と反権力の疎外論的二項対立を失効させ、消費社会における資本の運動の無目的性をアイロニカルに肯定するという戦略が意図された。しかし、そのような戦略は、杓子定規にどのような場所や局面においても有効なものではない。とりわけ、日本と沖縄との抑圧的な二項対立が強固に存在し、冷戦崩壊以降むき出しになった資本と国家の暴力性が、沖縄に新たな基地建設を強いようとする今日、その対立関係を相対化する言説は単なる現状追認の効果を担ってしまうだろう。日本という国家と沖縄という社会との間に厳然と抑圧的関係が存在し、しかもその理不尽さを大多数の日本国民が意識せず、思考停止している今日的状況で、沖縄の反基地の訴えがどんなに単純素朴に見え、ユートピア的なナイーヴさを帯び、民族主義的主張を孕んでいたとしても、疎外論的な立場がひとまず評価されなければならないのは、この意味で当然である。その異議申し立ては、簡単には退けられない切実な根拠をもっており、日本と沖縄の歴史性や関係性において、固有の立ち現われ方をしているものなのだから。

しかし、このような疎外論的な基盤とともにここで見据えるべきなのは、一見すると国家への疎外論的な抵抗と見えるもののなかに、単純な疎外論としては括りきれないような側面が同時に存在しているということである。ここで注目しなければならないのは、日本への異議申し立てのなかに、逆立して、当の批判対象である近代国民国家と同型の枠組みを、自らが反動形成しないような社会認識の可能性を読み取ることができるという特徴である。

以上の点を考えるうえで、次の疎外論批判は示唆的である。

「フォイエルバッハはわれわれに説いていう。『人は、思弁的哲学を要するに転倒させるならば、つまりは客語を主語とし、主語を目的語とし、原則とするならば、あらわな、純粋・無垢なる真理を持つ』と。それによって、われわれはたしかに、限定された宗教的立場を失い、その立場における主体である、神を失うのだが、われわれは、それに代わって、宗教的立場の別の側面、道義的立場を手にするだけなのだ。われわれはたとえばもはや『神は愛なり』と言わぬかわりに、『愛は神的なり』というのだ。」（シュティルナー著『唯一者とその所有』上、片岡啓治訳、現代思潮新社、六四頁）

ここでシュティルナーは疎外論的宗教批判が、神を否定しながら、その神の立場に人間（類的本質）を逆立して投影することで、その関係がそのまま温存され、相反する両者が同じ枠組みの中に再び絡めとられる危険性を嗅ぎ取っている。そして、その指摘は普天間問題をめぐる日本と沖縄との関係を考えるうえでも重要な示唆を与えるものだと思える。

たとえばここで、沖縄の過重な基地負担を全国に均等に分散すべきだとする、いわゆる「応分の負担」が、仮に完全に実現したケースを考えてみたい。普天間の県外移設案が浮上する過程で沖縄側では「これ以上の基地負担は受け入れられないが、同時に自分たちが経験している基地被害を他の人々に押しつけるのも胸が痛む」という意見がしばしば地元紙上などで紹介された。沖縄の基地負担が他に分散されたとしても、単純にそれを喜ぶことができない、この複雑な心情が意味するものは、はたして何なのだろうか。先に見たような、日本と沖縄との疎外論的な関係と同様、他地域の基地被害に対する共感という率直な心情も、戦後沖縄の歴史性から生まれた貴重な経験則だと考えられる。もし、このような心情を無視して日本全体で応分の負担が達成された場合、その時に沖縄は日本という近代国民国家の一部として、調和的にその内部に位置づけられることになるのだろうか。沖縄の基地負担の全国的な分散移転の実現は、シュティルナーの疎外論批判が示唆するように、沖縄が近代国民国家の論理を内在化させ、「沖縄社会の日本化」という帰結に行き着くものとなるのだろうか。

4

しかし、沖縄の現状が指し示している可能性は、そのような近代国民国家の枠組みを自らが内在化し、再強化するものとは異なっているように見える。ここで、普天間基地の徳之島移設が取りざたされ、同島で反基地の声が高まるなか、沖縄の世論において国内移設に反対する意見が増加していることは注目されてよい(「沖縄タイムス」二〇一〇年五月十一日付緊急世論調査では、「米軍普天間飛行場の移設先について『沖縄県以外の国内』と『グアムなど海外』への国外・県外移設と回答する人が八九%」であり、「内訳では、移設先を『グアムなど海外』とした割合が七六・八%と、前回調査(二〇一〇年四月)を五・五ポイント上回った。『沖縄県以外の国内』としたのは前回調査(一八・五%)を六・三ポイント下回る一二・二%となった」)。

つまり、普天間問題を契機に露呈した、日本と沖縄との著しい認識の相違から垣間見えるのは、日本の国家主権を前提にしたうえで、その主権を担保する軍事力を調和的に運用しようという近代国民国家の論理と、その論理から逸脱する沖縄社会の特異性の齟齬であり、そこに、近代国民国家の枠組みとは異なる社会認識が見出せるという点が重要だと思えるのである。普天間問題の迷走にともない、政府に対する批判が日本でも沖縄でも同じようになされている。しかし、沖縄の歴史的、社会的文脈から見た場合、普天間問題を契機にして、日本国家の機能不全を建て直し、強化すべきだとする主張は、どこか筋違いに思える。むしろ今日の沖縄から垣間見えるのは、近代国民国家を強化する方向とは逆に、その枠組みに根本的な見直しを図るような可能性なのである。

総括的にいえば、沖縄にとって、今日の普天間問題において露呈した日本という近代国民国家との齟齬は、消極的側面と積極的側面をもっている。消極的側面とは、国家主権が沖縄社会に継続して強いている暴力の露呈であり、積極的側面とは、その暴力を強いる近代国民国家の枠組みを相対化する社会認識の顕在化である。したがって、今日の沖縄において求められているのはその二面性と同時に向き合い、それを肯定すること。すなわち、消極的には、普天間の辺野古移設を徹底して拒否することであり、同時に積極的には、沖縄社会の特異性を意識しながら、近代国民国家のフレームとは異なる社会認識を具体化することである。

（沖縄からの報告8・二〇一〇年十月号）

沖縄と東アジア

1

米軍普天間飛行場の移設問題をめぐる議論のなかで、沖縄に基地機能が集中しなければならない根拠として、「地政学」的要因という根拠がしばしば持ち出される。金正日独裁体制のもと瀬(註)

戸際外交を続ける北朝鮮や大国としての存在感を増す中国など、さまざまな不安定要因を抱える東アジア周辺の現状を踏まえ、軍事戦略的に最適な場所は沖縄であるという認識は、ほとんど無前提に受け入れられ、一般的に共有されているように見える。しかし、この「地政学」は、本当に唯一無比の確固とした前提となるものなのだろうか。本稿では、現在の沖縄と東アジアとの関係を検討しながら、国家間関係とは異なる社会空間の広がりを考える。

2

世界じゅうをくまなく覆い尽くした近代国民国家の枠組みのなかで、今日の東アジアは、最も危機的な状況に直面する地域のひとつであると認識されている。二〇〇一年の米同時多発テロ以降、「テロとの戦い」を標榜した米国は、沖縄を含む東アジア一帯を、中東から延びる「不安定の弧」の東端に位置づけてきた。大規模な軍事衝突の起こる危険性がもっとも高い地域として位置づけられ、紛争の火種を抱えた東アジア。日本のメディアを通じて日々報道される「靖国参拝問題」、「従軍慰安婦問題」、「北朝鮮拉致問題」などの社会問題は、ファナティックなナショナリズムを喚起しながら、国内のみならず、近隣アジア諸国との摩擦や軋轢を引き起こしている。そしてそのなかで、沖縄では、日米両政府によって名護市辺野古周辺への普天間基地の代替施設移設が意図されるなど、米国の軍事戦略の一端を担う立場として、軍事力の再配置と抑止力強化が進みつつある。

しかし、そのような危機的な現状の一方で、東アジアはまた、既存の国民国家の枠組みには容易に回収されないような、オルタナティブな社会の可能性を秘めた場所でもある。たとえば中国と隣接し、独自の主権と尊厳の堅持を標榜する台湾。韓国国内にありながら、警察権や教育権も含めた独自性をもつ特別自治州である済州島。そして、日本という近代国家に包摂されながらも、独自の社会的アイデンティティをもち、複雑な歴史的歩みを重ねてきた沖縄。これらの地域は、内閉的な国民国家の論理としばしば対立しながら、その前提を相対化する視点を私たちに提供する。歴史や民族、文化的均質性、画一性を確定し、領域化する国民国家の枠組みからいったん離れたとき、まるで砂浜に散りばめられた貝殻のように無造作に点在する東アジアの各地域には、ナショナル・ヒストリーには回収できない歴史の記憶や、国家のオーセンティックな価値からは異端視される文化的要素が、まるで相互に反響しあうように広がっているのである。

とするならば、今日の沖縄および東アジアは、きわめて危機的でありながら、同時に新たな社会認識を生み出す可能性も秘めた、対極的な両義性を帯びた場所として私たちの前に立ち現われている。立ち止まって考えてみると、視点の取り方によって、表裏が逆転する「メビウスの輪」のようなこの両義性は、とりわけ沖縄を指して、これまでも「ヤポネシア」(日本とアジアの両義性)や「群島」(海と陸の両義性)、「エッジ」(国家の内部と外部の両義性)などのキーワードによって、意味の偏差を伴いながら、さまざまな論者によって繰り返し語られてきたものである。深刻な危機と新たな可能性を同時に孕んだこのような特異性にこそ、沖縄を含めた東アジアという時空間の性格が如実に表われている。

3

このように考えたとき、沖縄の基地負担(国家主権を担保する軍事力)の固定化を要求する東アジアの「地政学」は、沖縄を含めた東アジアの両義的な性格の、国家間関係における緊張状態を根拠にして生まれるものであることが浮かび上がってくる。

ここで明らかになるのは、近代国家の存在を規定している独自の位相である。たとえば批評家の柄谷行人氏は、『世界共和国へ』(岩波新書、二〇〇六年)で、国家の発生を検討するなかで、万人の万人に対する闘争状態を調停するために、国家が必要とされ、生み出されたという社会契約的な見方を、「国家を内部的に見るもの」として否定している。一般的にそのような国家観は、政治哲学者トマス・ホッブスに由来するとみなされているが、柄谷によれば「彼(ホッブス——筆者注)が言う『契約』が通常のそれとははなはだ異な」るものであり、それは「暴力によって強制された契約」であると強調している(前掲書、一一五ページ以下)。

ホッブスは国家(主権者)の形成を「設立されたコモンウェルス」と「獲得されたコモンウェルス」という二つの側面で考えていた。「設立されたコモンウェルス」とは、人々が他の人々との闘争状態から自分を守ってくれることを信じて、国家に自らの権利を譲渡し、自発的に服従するようなケースである。この考え方では、個々人はその内部で社会契約的に国家(主権者)を形成するものとみなされる。これとは別に「獲得されたコモンウェルス」とは、独占された暴力を背景に、強制的な服従によって人々が、他の国家からの侵略をまぬがれるような保護を受け入れるケースである。この考え方では、国家とはひとつの共同体が他の諸共同体を継続的に支配するような形態であり、国家を共同体の内部から社会契約的に形成されたものとする発想は、近代主義的な見方を過去に投影するものとして否定される。

同書では、基礎的な交換様式についての検討から、国家が「略奪—再分配」という交換原理をもっていることが説明されたうえで、資本（商品交換）、ネーション（互酬制）、国家（略奪—再分配）という三者の「ボロメロの環」のような接合体を越える道筋が示されており興味深い。だがいまここで注目したいのは、とりわけ沖縄を含む東アジアの「危機的」とされる状況を考えるうえで参考になる、国家の本質的な性格についての指摘である。

柄谷－ホッブスによれば、根本的に国家は「獲得されたコモンウェルス」であり、まず何より自分と異なる国家に対して、対他的に自立して存在している。国家を内部的に見た状態では、主権者の存在によって、万人の万人に対する闘争のような暴力的な自然状態が調停されるが、その内部的な枠組みを離れたとき、他の国家（主権者）との間では依然として潜在的な敵対状態は存在している。国家は本質的に暴力によって主権を担保されており、絶対主義の王権国家でも、立憲君主制でも、それは変わらない。国家が他の国家に対して存在しているのだとするならば、国家間の緊張関係はそもそも、それ自体を作り出すことによって国家が安定的に存立するための条件となるものである。そしてその条件こそが、東西冷戦が終わったあとも、引き続きテロとの戦い、北朝鮮の脅威、中国の台頭など、絶え間なく東アジアにおいて国家間の危機感が煽られ、沖縄に基地負担が固定化されなければならない根拠になっているものにほかならない。

4

しかし前述したように、このような対他的な緊張状態を所与とする近代国民国家のフレームが依拠する「地政学」は、今日的に強固な枠組みであるとしても、沖縄を含めた東アジアの両義的な性格の、ひとつの側面である。逆向きに言えば、危機や緊張を生み出すことによって自らの存立を強固なものとする近代国民国家のフレームとは異なる、対極的な社会認識の広がりの契機をそこに見出すことも、決して不可能なことではない。

たとえば、近年、沖縄を含む東アジア各地の研究者や批評家、運動家の間で、政治、社会、歴史、文化、思想など幅広い分野を横断して、活発な意見交換がなされていることは、そのひとつの重要な事例となるものである。今年（二〇一〇年）五月には、沖縄近現代史研究者の新崎盛暉氏の著書『沖縄戦後史』（一九七六年）と『沖縄現代史　新版』（二〇〇五年）が中国語と韓国語に翻訳・刊行されたことを受け、沖縄大学でシンポジウム「アジアのなかで沖縄現代史を問い直す」が開催された。同シンポには、中国社会科学院文学研究所研究員の孫歌氏、台湾交通大学社会文化研究所教授の陳光興氏、ソウル大学教授の鄭根埴氏をはじめとして、東アジア各地の研究者が参加し、多角的な議論が交わされた。問題関心や個別の意見の相違はさまざまにあるものの、各研究者に通低するのは、以下のような認識である。

（アジアの研究者による交流は――筆者注）プロセスとして非常に重要。言葉の違う人たちが集まれば、〈国〉が相対化される。自国の論理で他地域の問題を扱うことは不可能で、交流は成り立たないからだ。その相対化によって初めて交流ができる。これがアジアの研究者が一緒になって議論する大きな意味だと思う。

（「沖縄と東アジア新たな場の創造」〔上〕孫歌氏インタビュー「沖縄タイムス」二〇一〇年六月九日付文化面）

（近年東アジア各地で国家の枠を越えて議論が行なわれている要因は――筆者注）東アジア各地の人たちが、自分の地域だけに閉じこもり、国民国家の枠組みで問題を考える思考ができなくなりつつあるということ。既存の枠組みでさまざまな問題を考えることに限界があるという危機感を、それぞれの地域の人々が背負っていることが要因に挙げられると思う。

（「沖縄と東アジア新たな場の創造」〔中〕陳光興氏インタビュー「沖縄タイムス」二〇一〇年六月十一日付文化面）

東アジア各地の市民連帯は、まだ自国の政府をけん引するほど力を持っておらず、平和を築く主張や影響を政府に与えていない。現在、その動きは低い水準だが、東アジアの市民連帯は、本格的に始まってから十年前後のものだ。今後は今回の沖縄大学で行なわれた東アジア各地の関係者が集うシンポジウムのような会合をはじめ、市民連帯をさまざまな文脈で展開していく必要がある。反基地運動、女性運動、国家暴力の犠牲者などについて、多様な文脈で市民連帯を展開することが今後より重要になるだろう。

（「沖縄と東アジア新たな場の創造」〔下〕鄭根埴氏インタビュー「沖縄タイムス」二〇一〇年六月十二日付文化面）

これまでみたように、沖縄を含む東アジアは、近代国民国家の枠組みからはきわめて危機的でありながらも、同時にその枠組みから離れたときには、新たな社会認識を生み出す可能性も秘めた、対極的な両義性をもっている。この両義性のなかで、近代国民国家の枠組みはより強固に機能していくのか、それとも近代国民国家とは異なる社会認識が実現されるのか。その行方はいまだ不透明である。しかし、その両義性の今日的なせめぎあいのなかで、沖縄から見た「東アジア」とは、対他的に緊張状態を作り出すことで、軍事力を担保とした自らの主権を再生産していくような国家間関係によらない、新たな可能性を秘めた社会認識の謂いに他ならない。そしてその視点はまた、普天間の代替施設建設を新たに沖縄県内に強いようとする日本という近代国民国家のありようと一見緊張関係にあるように見える東アジアの国家間関係をいったん留保し、それがどのような根拠をもとにして成り立っているものであるかを、あらためて問い直す契機にもなるだろう。

沖縄が置かれた両義的な潜在性を考えるとき、いつも思い出すのはオセロゲームである。ゲームの進行に伴い、白と黒が目まぐるしく入れ替わる盤面で、最後の最後に一番隅っこに置かれた、たった一つの石が、白であるのか黒であるのかによって、それまでの盤面の色が一変し、勝負が決してしまう。例えるならば沖縄は、世界中を覆いつくした近代国民国家の枠組みの盤面の中で「一番隅っこに置かれた、たった一つの石」のような場所である。

東アジアを危機的な場所として位置づける「地政学」を相対化し、暴力を背景とした国家間関係とは異なる社会認識をいかに具体化することができるのかが、今後の沖縄、東アジアにとって切実な問いである。

（註）本文執筆直後に起こった、尖閣諸島付近での中国漁船衝突事故に伴う排外的ナショナリズムの高まり、二〇一一年十二月、金正日死去を受け三男の金正恩体制となった北朝鮮への警戒感など、二〇〇九年の本文掲載時から、東アジアをめぐる状況はさらに緊張感を増しているように思える。国家間関係だけに拠らない社会認識の必要性は、ますます切実さを増している。

沖縄知事選の意味

（沖縄からの報告11・二〇一一年一月号）

1

去る（二〇一〇年）十一月二十八日に投票が行なわれた沖縄県知事選挙は、自民党県連、公明党、みんなの党が推薦する無所属で現職の仲井眞弘多氏が、新人で社民党、共産党、国民新党、新党日本に加え沖縄の地域政党、社大党が推薦する前宜野湾市長の伊波洋一氏を破り、再選を果たした。この結果を受け、沖縄を取り巻く今後の動向についてのさまざまな分析がなされているが、とりわけ焦点となるのは、米軍普天間飛行場の移設問題の行方である。本稿では政権交代以降、沖縄県知事選挙に至るまでの経緯を簡単に振り返り、今回の選挙結果から何が見えるのか。その意味を読み解きながら、日本という国家と沖縄社会の関係を考える。

2

昨年（二〇〇九年）夏の民主党への政権交代以降、沖縄では米軍普天間飛行場の県外・国外移設方針を掲げる鳩山由紀夫首相（当時）の就任によって、それまでの日米両政府の方針である、名護市辺野古沖のキャンプ・シュワブ沿岸部へのV字型滑走路建設（県内移設）が断念され、沖縄の過重な基地負担の軽減が実現されるのではないかという期待が高まった。これまで新基地建設に反対してきた各政党はもとより、自民党県連や沖縄経済同友会といった、従来は辺野古への基地建設を容認する立場だった組織にも県内移設反対の動きが広がり、その動向はほぼ全県的なものとなった。しかし、そのような県民世論の高まりのなかで、沖縄県知事の仲井眞弘多氏は、条件付き移設容認の立場で当選した自身の従来の姿勢を変えず、県外移設を主張することに慎重なスタンスを取り続けた。

鳩山由紀夫首相が五月に沖縄を訪れ、公言していた普天間の県外・国外移設方針を撤回して以降も、沖縄の過重な基地負担の改善を求める県内世論はますます大きくなる。今年（二〇一〇年）一月に行なわれた、普天間飛行場の移設先、名護市の市長選挙では、普天間の辺野古移設に反対する新人の稲嶺進氏が、移設容認派の島袋吉和氏を破って初当選したが、続いて九月に行なわれた名護市議会議員選挙でも、辺野古移設に反対する稲嶺市長派の与党が圧勝し、県内移設断念を求める世論の流れが明確になった。

だがそのなかで、仲井眞氏は「（県内移設が）きわめて厳しくなった」として客観情勢については繰り返し「厳しい」と言及しながらも、「県外移設」を求める趣旨の踏み込んだ発言を行なわず、あくまで条件付き移設容認の立場で当選した自身の従来の姿勢を保持し続けた。その姿勢に対し、仲井眞氏の支持者や支持組織の内部からも不満や反発の声が漏れた。

これに対し、元宜野湾市長の伊波洋一氏は、二〇〇四年に起きた普天間飛行場に隣接する沖縄国際大学（宜野湾市）への米軍ヘリ墜落事故の際の日米両政府に対する毅然とした態度や、普天間飛行場の移設問題などの積極的な手腕が評価され、「革新のエース」と目された。八月には仲井眞氏に先んじて出馬表明を行ない、かねてから自身の持論だった普天間の「国外（グアム）移転」を求める方針を強調。自民・公明が支援する現職の仲井眞氏からの革新陣営の県政奪還を目指し、選挙戦への準備を整えた。

知事選を前にして、県外移設の表明をかたくなに拒む仲井眞氏は、「県民の意向に沿った判断」（県内移設反対）を迫る自民党県連幹部などの支持組織との度重なる調整を経て、九月末の県議会で、これまでの自身の県内移設容認の方針を変更し、日米両政府に県外移設を求める考えを初めて公けに表明。以降「国内移設」を求める考えを明らかにする。

こうして迎えた選挙戦では普天間の「国内移設」を主張する仲井眞氏と「国外（グアム）移設」を主張する伊波氏の事実上の一騎打ちとなったが、両者の激しい論戦とは対照的に、選挙期間中から「双方の主張の違いが不明確」「盛り上がりに欠ける」と言われた。その結果、十一月二十八日に行なわれた投票では、仲井眞氏が三三万五七〇八票を獲得し、伊波氏に三万八六二六票差をつけ再選。投票率は六〇・八八％で前回知事選の六四・五四％を三・六六ポイント下回り、歴代二番目の低さとなった。

3

以上の概要を踏まえて、今回の知事選についてどのようなことが言えるのか。まず、注目されるのは、仲井眞氏が普天間の「国内移設」を、伊波氏が「国外（グアム）移設」を、それぞれ主要政策として訴えるなかで、仲井眞氏が当選したことである。もともと辺野古移設について条件付き容認の姿勢だった仲井眞氏は、いまだ県内移設に含みをもたせているという指摘もあるが、当選後の報道各社のインタビューでは「（日米合意は）不可能に近い」「（普天間は）全国で解決策を見出し、移設先を確保してもらいたい」との考えを強調している。両候補がいずれも県内移設と異なる姿勢を明確にした背景には、これ以上の基地負担に大部分の沖縄県民が反対している事実があり、その世論と乖離した立場で選挙戦に臨んだ場合、とうてい有権者の支持を得られないという判断がある。

政権交代以降の沖縄では、普天間問題の議論のなかで、日本の安全保障が沖縄の過重な基地負担によって担われていることの是非を正面から問わない姿勢、またそれに伴い自国の安全のため沖縄に今後も基地負担を強いるべきだとする見解が公然と吹聴される全国的な雰囲気に対する、強い不信感が充満している。そのなかで「国外移設」を掲げる伊波氏ではなく、「国内移設」を主張する仲井眞氏が当選したことは、痛烈な問題提起的意味をもっている。しかし、その意味に日本の世論はほとんど気がついていないように思える。

たとえば今回の選挙結果に対して、日本のマスメディア上では、普天間問題の「長期化」への懸念（日本経済新聞）、「日米合意を前に進める」（読売新聞）、菅直人首相に「前に足を踏み出すべきだ」と積極的姿勢を促す（毎日新聞）、というような見解が示されている。しかし今回の選挙結果をこのようにとらえる姿勢こそが、沖縄の民意をいらだたせる考え方にほかならない。これらの見解は、軍事基地から派生する被害によって日常的に生命の危険にさらされ続ける沖縄の人々の「国内移設」という声を単に聞き置いたまま、「『長期化』への懸念」（現行案の早期実現）、「日米合意を前に進める」（沖縄の民意でなく米国の意向の尊重）、「菅政権の積極的姿勢」（強制的な辺野古移設推進）を主張する。

なかでも仲井眞氏の当選について、読売新聞の社説で示された「沖縄県が引き続き政府と連携し、米軍普天間飛行場の県内移設にも含みを残す――。それが県民の選択だった」との見解は、今回の選挙結果をまったく逆向きに解釈している。両候補の公約を踏まえるならば、仲井眞氏、伊波氏のいずれが当選しても、沖縄の民意において普天間の県内移設は明確に否定されている。先に述べたように、もともと辺野古移設容認の姿勢だった仲井眞氏でさえ、県内移設と異なる姿勢を明確にした背景には、沖縄県民の現在の過剰な基地負担に対する真剣な憤りがある。その結果、仲井眞氏は「国内移設」を公約にして、当選を果たした。そして民意の信託を受けた「国内移設」の公約は、必ず果たされなければならない。その点に触れずに、沖縄の世論を「県内移設にも含みを残」していると解釈すること。日本の安全保障が沖縄の過重な基地負担によって担われていることの是非を自身の問題として向き合わない物言いとは、端的にこのようなものである。

仲井眞氏の当選、「国内移設」を求める県民世論の高まり、そして選挙結果を受けた日本国内の反応を考えたとき、日本と沖縄の民意の対立は従来よりも際立ち、より大きなものとなっていることを感じる。もしこの沖縄県民の声を無視するような事態が仮に生じるならば、その反発は計り知れないものとなるだろう。

4

ところで、今回の選挙において、「国内移設」を主張する仲井眞氏の当選とともに注目される顕著な特徴は、歴代二番目の低さとなった投票率（六〇・八八％）である。普天間問題に対する関心と、基地機能強化に反対する大規模な県内世論の高まりのなかで、低投票率に終わった理由はわかりにくい。

一般的にその主要な要因は、宜野湾市長時代から一貫して普天間の国外移設を主張し続けた伊波氏に対して、仲井眞氏が従来の辺野古移設を容認する姿勢を変更し、「国内移設」を主張したことで、争点がぼけたことが理由だと言われている。確かにそのような側面もあるだろうが、しかし本当に要因はそれだけなのだろうか。選挙戦で仲井眞氏と伊波氏はそれぞれ「国内移設」、「国外移設」を主張し、ともに県内移設に否定的な立場だったとはいえ、両者のこれまでの政治姿勢の違いは明確であるし、有権者がその違いに気がつかなかったとは考えにくい。そのなかでこの低調な投票率は何を意味しているのか。それは沖縄社会の日本という国家に対する「国内移設」という異議申し立てとは異なる、別の対極的な側面の表われなのではないか。

前述したように、政権交代以降の沖縄では、普天間問題の議論のなかで、日本の安全保障が沖縄の過重な基地負担によって担われていることの是非を正面から問わない姿勢に対する、強い不信感が充満している。そのなかで、今回の知事選での両候補の公約を踏まえるならば、仲井眞氏、伊波氏のいずれが当選しても、沖縄の民意において普天間の県内移設は明確に否定されることになる。しかし菅首相は、普天間の辺野古移設を推し進める日米合意を引き続き維持する姿勢を崩していない。このようななかで、県知事選後に民主党政権は、沖縄の民意を尊重して、県内移設を断念するのだろうか。(註)それとも沖縄を含む日本の全国民が普天間移設を拒むなかで「どの地方にも受け入れ先がない」として、沖縄の民意だけを無視して、辺野古移設を強行するのだろうか。

県民集会や各選挙をはじめとするさまざまな意思表示で、これまで沖縄の民意は何度も繰り返し、これ以上の基地機能の強化に反対する意志を示してきた。そのことは重要な意味をもっており、決して軽んじられるものではない。しかし、その意思表示にもかかわらず、結局、日本の安全保障が沖縄の過重な基地負担によって担われていることを、日本という国家が是認する限り、結論は沖縄にとって不毛で悲惨なものとなる。とするならば、実のところ今回の沖縄県知事選挙で明らかになったのは、日本という国家に対する沖縄の民意の異議申し立てであると同時に、沖縄の過重な基地負担のあり方を、沖縄の民意だけが問われなければならない理不尽な構図なのではないだろうか。

仲井眞氏の当選と低投票率という、今回の県知事選の結果には、沖縄の抱える課題が、国家的な枠組みのなかで理不尽な現状に対して批判的に対峙しなければならないポジションに置かれているにもかかわらず、同時に、近代国民国家の枠組みのなかではそれが解決できないという、二つの矛盾する側面が露わになっているように思える。沖縄の意思表示が不可避でありながら、同時にそれが不可能であるという現状において、近代国民国家に対する問題解決への期待や働きかけに対する断念のような冷めた意識がそこに反映してはいないだろうか。これはいわゆる「政治的無関心」とは異なる志向性に基づいた結果のように思える。

このように考えると、今回の沖縄県知事選の結果で本当に問題化したのは、これまで繰り返し反復され顕在化してきた、日本という近代国民国家の枠組みと沖縄という社会とのいびつな関係なのではないか。この点に関連して、作家で元外務省主任分析官の佐藤優氏が雑誌「週刊金曜日」で、沖縄県知事選挙における仲井眞、伊波、両氏の議論を踏まえ、「このやりとりを見ると、安全保障、経済をめぐる論戦の土俵が、もはや地方選挙のレベルではなく、『半国家』を運営しているという自己意識を沖縄の政治エリートが持っていることがうかがわれる」（「特集　沖縄と差別」「週刊金曜日」二〇一〇年十一月十二日号）と指摘していることは興味深い。「半国家」とは、近代国民国家の枠組みを半ば内在化しながら、半ばその枠組みを外に開く可能性をもった、両義的な潜在性の謂いでなければならないと筆者は受け止める。個人的な問題意識に引きつけて言えば、沖縄の意思表示が不可避であるが不可能であるという両極の間で、根源的に問われなければならないのは、近代国民国家のフレームとは異なる社会構想のあり方である。

（註）二〇一一年八月には菅直人氏に代わり、野田佳彦氏が新首相に選出された。沖縄に対しては、日米合意の遵守、普天間飛行場の辺野古移設計画の堅持という姿勢を崩していない。

後田多敦

いまも続く「シュガーローフの戦い」

（沖縄からの報告3・二〇一〇年五月号）

那覇市北側の高台に「新都心」と呼ばれている新しい市街地がある。戦後米軍が強制収容し軍施設に使っていたが、一九八七年に全面的に返還され、その後は大型スーパー、学校、県立博物館・美術館、官公庁、放送局や新聞社、家電量販店などが進出し現在の形となった。しかし、現在でもこの近辺からは沖縄戦当時の遺骨が掘り出されたりしている。掘り出された遺骨はいい方かもしれない。日米両軍が入り交じった激しい戦闘のあった場所なので、埋まったままの遺骨もあるだろうか。沖縄戦での激しい攻防の場は、その後、米軍の銃剣とブルドーザーによる強制収容ののち、返還され新しい街となった。多くの人々が行き交う街で、立ち止まって周辺を見回せば、沖縄の過去と現在が同時に浮かび上がってくる。この「新都心」から話を始めていきたい。

那覇地区は全体的にもともと低地が多いため、高台のこの一帯は那覇の後背地として文化遺跡が多く残る。銘刈子《メカルシー》という琉球国時代に生まれた組踊に登場する天女伝説のゆかりの地があるほか、近くには歴代国王の霊位を祀った崇元寺があった。かつての崇元寺には中国皇帝の派遣した冊封使が首里城内での儀礼を行なう前に訪れ、故王を祀る諭祭をした。国家儀礼の重要な空間だった。現在の都市モノレール「おもろまち」駅のすぐ近くに、貯水タンクが設置された丘がある。新都心の端にあるこの丘は、見晴らしがよくて慶良間諸島が見えることから、地元では「慶良間チージ（慶良間が見える頂）」と呼ばれてきた。この丘を戦争中、日本軍は「すりばち丘」、米軍は「シュガーローフヒル」と呼んだという。首里城内に日本軍司令部が置かれたため、首里を守る西の要衝となった「慶良間チージ」では、首里を目指す米軍と日本軍の間で攻防戦が展開された。

慶良間チージの争奪戦は五月十二日から一週間ほど続き、一日のうちに頂上争奪が四度に及んだこともあったという。米軍は五月十八日、頂上を制圧した。ここの戦闘で米軍側は二千六百六十二人が死亡し、千二百八十九人が精神的に支障をきたしたという。当然、日本軍も多数の死傷者を出したはずだが具体的数字は分からない。この丘を制圧した米軍は攻勢を強め、日本軍は五月二十七日、首里城を放棄し南部へ撤退した。そして、住民をまきこんだ南部戦線は六月末まで続いた（説明板より）。

慶良間チージでの戦いをアメリカ兵側から描いたジェームス・H・ハラスの『沖縄シュガーローフの戦い』（猿渡青児訳、光人社）を読むと、相手兵士の顔を見極めることができ、体をぶつけ合うような肉弾戦だったことが分かる。「勝者」の米軍は死んだ兵士を葬り、その数が記録された。日本軍はどうだったか。それどころではなかっただろう。米軍は布令一〇九号「土地収容令」(一九五三年四月)を出して、今の新都心地区一帯を強制接収し、戦火を生き延びた住民を追い出した。米軍はその後も沖縄で「銃剣とブルドーザー」と表現される強制接収を繰り返すが、ここが「土地収容令」の適用一号だ。接収後は将校、下士官や軍属の家族住宅などに利用され、ゴルフ場や学校などもあった。沖縄そのものが一九七二年、日本に返還されたあと、新都心地区は一九七三、七四年に日米で条件付き返還が合意され、分割返還された。返還が終わったのが一九八七年だ。

この地にまだ空き地が多かった二〇〇二年一月、新聞社のひとつ沖縄タイムス社が久茂地から移転してきた。そして、同年十月にはサンエー「那覇メインプレイス」がオープンし、翌年八月には近くを通る都市モノレールが開通した。もうひとつの新聞社、琉球新報社も近くに移転してきた。そして、更地が目立った地域に高層マンションが次々と建てられ、新しい住民が移り住み、街が急速に活気を帯びてきた。新都心にあるマンションなどには、県外からの「移住者」が多く移り住んでいるという。移住者の比率は、五割ぐらいだという者もいれば、七割ぐらいだという人もいる。ただ、具体的な数字ははっきりしない。いずれにしても、急速に形成された街は、そこに住む人も含めて新しい世界だ。

そんな「新都心」を象徴する経験をしたことがある。「沖縄県立博物館・美術館」が二〇〇七年十一月、「那覇メインプレイス」の隣りに開館することになった。県立博物館は首里にあったがそれが閉鎖、移転してきた。県立の美術館は初めてのものだ。この沖縄県立博物館・美術館をめぐっては、美術館と博物館の複合施設となったことや施設の名称・理念などをめぐって議論が噴出し、それに加え指定管理者制度が導入されたためにまた大騒ぎとなった。この時の騒動もまた、沖縄の近況を物語るものなのだが、これはさておき、話はその博物館・美術館開館に向けたプレ事業での出来事だ。プレ事業のひとつとして新都心にあるショッピング施設で、美術館の「沖縄文化の軌跡」と銘打った開館記念展に関連した連続講座が開かれていた。

私も県立博物館・美術館開館に携わっていたので、その連続講座に参加していた。何回目だっただろうか。移民をテーマとした講座で、講師の話が終わり質疑応答の時間となった。参加者は五十人程度。参加者の一人が講座で話題となった「世界のウチナーンチュ大会」について話し始めた。「なんでこんなことをするのか。理由が分からない。税金の無駄遣いだ。やめてほしい」。確かこんな内容の感想意見だったと思う。思わぬ反応に興味を示した講師が「みなさん、どう思いますか。同じ意見の人は?」と会場に問いかけた。会場を見ると、ほとんど参加者が手を挙げていた。

「世界のウチナーンチュ大会」は、沖縄県が一九九〇年に始めて以後、五年に一度行なわれてきた。沖縄は戦前から多くの移民を世界に送り出してきたので、その移民となったウチナーンチュ(沖縄人)の子孫を集め、互いのつながりを確認しようとする催しだ。四回目の二〇〇六年には二十一カ国・三地域から約五千人のウチナーンチュが参加した。沖縄戦で焦土となった沖縄に、物資を送り支援してくれたのも、移民となったウチナーンチュたちだ。つながりは深く、関心の高い人気のある催しである。結論を言えば、「税金の無駄遣い」と言った人やそれに賛同した人、つまり講座の参加者のほとんどは「移住者」で、ウチナーンチュではなかったのである。講座が平日の夕方だったこともあり、新都心の住民構成を反映している現象だった。いわば、慶良間チージは米軍から返還され「シュガーローフ」から慶良間チージに戻ったのではなく、「すりばち丘」となっていた。

新都心地区は、那覇の一等地がまるごと返還された格好である。交通の便がよく、利用価値の高い地域の白地図に比較的自由度の高い多様な都市計画が可能だった。そして、官公庁や公共施設が建てられ県都那覇の重要地区となった。沖縄社会の関心が集まり、利害が交差するなかで、街が形成されている場所なのだ。その意味で、新都心は今後の米軍施設返還後のあり方や課題を知ることのできる重要な事例のひとつだといっていい。

現在、普天間基地の閉鎖移転が焦点となっている。普天間基地にかぎらず、嘉手納基地にしても、日米両政府が押しつける軍事施設が永遠に存在し続けることはない。近い将来、住民の強い抵抗が、衰退没落する米国の力を上回るだろう。全国メディアの報道からは、返還そのものが目的となっているかのようにも感じられたりするのだが、しかし、返還後もさらに重要であることは、沖縄での共通認識だ。返還地を沖縄にとって、いかに「豊かな世界」としていくのか。「新都心」は比較的好条件のリトマス試験紙なのである。

日米政府が押しつける基地の返還や閉鎖は容易ではない。そして、返還後の「豊かな世界」への道のりにもまた多くの課題がある。ある日のこと、モノレール「おもろまち」駅で降りて、新都心方向へと歩いていると、甲高い声の会話が耳に飛び込んできた。スーツ姿の男性数人が歩きながら、マンション建設や土地売買の動きを話題としていた。また、別のある日、ファストフード店でコーヒーを飲んでいると、隣り席では男性二人が地図をテーブルに広げ、これから見に行く場所の打合せを始める。新都心ではそんな光景にたびたび出会い、さざめきが響く。新都心のウィークリーマンションも人気だ。二年ほど前、引っ越しの都合で約一か月間ほど、新都心のウィークリーに住んでみた。附属の駐車場には「わ」ナンバーのレンタカーが並び、沖縄へ派遣された大手企業の社員や仕事で訪れた男性が利用し、短期・中期の滞在が多いという。

現在、新都心で起きている文化、経済、政治などが入り交じった現象を、「シュガーローフの戦い」と呼んだ知人がいた。当初はその実感が伝わらなかったが、やがてそれが単なる比喩ではなく、現実味を帯びていることに気がつくようになった。沖縄の政治や経済をコントロールし押しつぶそうとする強い力がうごめく。そこでは誰が「味方」なのか、「敵」なのかわからない。援護のつもりの動きが仲間を妨害することもある。いろいろな力が動き、風向きや力のベクトルが変化する。

先に紹介した沖縄県立博物館・美術館が二〇〇七年十一月、新都心の中心部分に開館した。総工費は百四億円余。県立の文化施設として、この規模のものはしばらくできないだろう。博物館や美術館は文化施設だというだけでなく、政治経済とも密接に結びついている。新しい県立博物館・美術館の場として、慶良間チージを抱えた新都心が選ばれたということも、意味があり象徴的なことなのかもしれない。

沖縄県立博物館がまとめた『沖縄県立博物館五〇年史』（一九九六年）がある。県立博物館のいわば正史だ。そのなかで歴代館長や職員が一覧で紹介され、初代館長として豊平良顕、初期の管理職として上間正諭の名前が出てくる。この二人は戦前からのジャーナリストで、戦後の「沖縄タイムス」創刊メンバーでもある。ジャーナリストが博物館の職員に名前を連ねているところに、地上戦で破壊し尽くされ、その後も米軍の軍事植民地とされた戦後沖縄の歩みがある。

米軍は占領後まもない一九四五年八月、沖縄陳列館（翌年、東恩納博物館と改称）を設立した。当然、占領政策の一環だ。一方、生き残った沖縄人は、廃墟のなかから文化遺産を文字通り拾い集めることで、郷土博物館を開館（一九四六年五月）させた。この住民の手による郷土博物館設立にかかわったのが豊平良顕や上間正諭だった。当時、米軍は言論統制のなかで彼らに新聞発行を認めておらず、彼らは文化活動を手がけていた。

占領政策として博物館の利用を考えた米軍は、さらに美術活動支援にも取り組んでいる。沖縄近代美術史に詳しい新城栄徳氏（『琉文手帖』主宰）によると、一九四六年四月に沖縄中央政府が発足し文化部が設置されると、芸術技官を山田真山、大城皓也、大嶺政寛、山元恵一、金城安太郎、糸数晴甫、榎本正治、安谷屋正義らの画家が務めたという。沖縄美術家協会（会長・屋部憲）が一九四七年に組織され、翌四八年には首里に移った。ニシムイ美術村だ。一方、豊平良顕らは新聞発行が認められたため、「沖縄タイムス」を創刊（一九四八年七月）し、新聞へ戻っていく。そして、沖縄タイムス創刊一周年事業が「沖展」だった。それは、沖縄美術家協会のメンバーらが中核となっていた。

占領下の沖縄では、博物館も美術活動も米軍が占領政策のひとつとして取り組んでいた。同時にもう一方で、住民側の主体的な文化活動も続けられ、沖縄人は自らの文化領域を押し広げていた。『沖縄県立博物館五〇年史』が、豊平良顕を初代館長と位置づけている背景には住民の主体的な文化活動への共感が感じられ、沖縄文化史に対する理解の深さが伝わってくる。

話を戻そう。住民と占領者の格闘は過去の話ではない。小さな沖縄では、米軍基地がなくならない限り、基地機能を維持するための政策は続いている。「返還」されたことで、米国の独占からさらにヤマトが加わったのだ。現在の新都心では、新しい三つどもえの格闘が始まっている。

天気のいい日に慶良間チージに立ち、遠くを見ると鮮やかな海と空が浮かび上がる。近くの雑然とした街からは、さまざまなざわめきが聞こえてくる。現在の慶良間チージの争奪戦で戦っているのは銃を持った兵士ではない。自覚的な人も少数かもしれない。その多くは住人や買い物客、ビジネスマンであり、旅人などの普通の人たちである。そして、結果として沖縄全体の人びとが各自の来歴のなかで「シュガーローフの戦い」に巻き込まれていく。やがて、沖縄人は追いやられ、その丘は「すりばち丘」あるいは「シュガーローフヒル」と呼ばれてしまうのか。しかし、それでも慶良間チージは、慶良間チージであるべきだろう。

（沖縄からの報告6・二〇一〇年八月号）

骨が伝える六十五年目の沖縄戦

「あなたは、琉球民族なのか」。電話の向こうから、強い口調ながら落ち着いた年配の男性の声が響いた。「いちおう、そうですが……」とおそるおそる答えると、少し安心したような声でその人は話し始めた。今年（二〇一一年）六月二十三日に準備していたシンポジウム「骨からの戦世」の事務局にかかってきた電話だ。戦前の台湾で生まれたという老人は、天皇によって酷い目に遭わされたこと、最近のインテリは天皇批判をしないこと、そして、琉球民族を日本民族と思っている人が増えていることなど、現在の沖縄への批判も含めて厳しい内容を淡々と語っていた。

「骨からの戦世」という催しは、那覇市真嘉比の土地整理事業地区で、沖縄戦で死んだ日本兵の頭蓋骨が脳みそを残したまま出てきたことから、骨を通して沖縄戦や現在を考えようという趣旨で、慰霊の日（六月二十三日）に合わせて計画された。「脳みそを残した日本兵の頭蓋骨が出てきた」という表現で事態を飲み込める人は多くないと思う。私自身も話を聞き、ビデオを見るなかで、少しずつその意味を理解できるようになった。

那覇市真嘉比は、前回この報告で話題にした新都心のシュガーローフの道を挟んだ隣りにある。そこに小高い丘があり、それが半月状なので米軍はハーフムーンと呼んだという。ハーフムーンはシュガーローフとともに、司令部のあった首里の攻防をめぐって日米両軍の激しい戦闘が展開された場所だ。そこが区画整理されるなかで、沖縄戦時の遺骨が出てきているのである。脳みそを残した頭蓋骨の主はおそらく一九四五年五月、シュガーローフ周辺で展開された戦いの最中に死んだのだろう。その時期は梅雨で、沖縄戦のときも雨が続いていた。頭蓋骨の右目の部分には、砲弾の破片のようなものが食い込んでいた。死んだその兵士はそのまま泥の中に六十五年余も地中に埋もれていた。

＊

シンポジウムの数日前、戦争当時、県立二中（現在の県立那覇高等学校）の三年生だったという老人からも電話があった。十五歳だったその人も動員され、自分の身長よりも長い鉄砲を渡され、那覇のある橋を守るため、近くの高台に配置されたという。鉄砲は一発発射すると弾を入れるタイプのものだった。土砂降りのなかで地下足袋をはずし、裸足で移動した。彼は南部へ逃げて捕虜となり生き延びたが、動員された同級生の多くは死んでしまったという。その老人は、脳みそを残した兵士の行動と、その死の状況が目に浮かぶと話していた。所用がありイベントに参加できないので電話したということだった。

日米両軍の兵士が直接相まみえ、住民を巻き込んで展開された沖縄戦での死者には、両軍の兵士や関係者のほかに住民がいる。米軍は仲間を死体の段階で収集していった。住民の場合は、戦後の早い時期に遺族や地域の人々が収集したりした。それでも、六十五年たった今でも多くの遺骨が出てくる。脳みそと頭蓋骨を収集したのは、真嘉比などで収集活動をするＮＰＯ法人「ガマフヤー」代表の具志堅隆松さんだ。具志堅さんが頭蓋骨を洗い、土を落としていると、土が詰まっていたと思われていた頭蓋骨から脳みそが出てきた。偶然というか、必然というか。それを浦添市や真嘉比で掘り出されている沖縄戦の死者の骨を撮っている写真家の比嘉豊光さんが撮影（動画）していた。

かつての沖縄では土葬が行なわれ、洗骨の文化があった。私の父は火葬だったが、祖父は土葬で、最終的には洗骨され納骨されている。「骨からの戦世」では、シンポジウムに先だって脳みそが出てくる様子も上映された。「ごめんね。ごめんね」といいながら、素手で丁寧に頭蓋骨を洗う具志堅さんが写った映像を見ながら、これは洗骨だと思った。具志堅さんは、「遺骨はなんとか関係者の元に返したい。肉親だと思うと涙が出てくる」というようなことも言っていた。シンポジウムでは、作家で琉球大学准教授の大城貞俊さんが、地中に埋もれて葬送されていない骨について語っているのを聞いたとき、「骨からの戦世」という催しが、掘り出された骨たちの慰霊祭なのだと感じたりした。

＊

沖縄にとって六月は「慰霊の月」である。日本でいえば、八月をイメージすればわかりやすいだろうか。ただ、そこには大きな違いがある。日本「本土」は、原爆を投下され、空襲を受けたが、敵対する兵士が直接互いに殺し合う場ではなかった。沖縄では日米両軍の兵士が、時には相手の顔を見て、声を聞くことのできる至近距離で殺し合い、民家を破壊し、場合によっては住民を殺害した。至近距離で住民（沖縄人）を殺害したのは、日本兵だったりしたこともあるということだ。それはまた、日本軍が出かけていったアジア地域で起こしたことと共通するものでもある。

六月二十三日が「慰霊の日」と決まったのは、その日に日本軍司令官が自殺し、組織的な抵抗が終わったとされるからだ。その日には毎年、県をはじめ、各地でさまざまな慰霊祭が開かれる。沖縄を守備した第三十二軍の司令官は牛島満、参謀長が長勇で、彼らは中国での経験をもって沖縄戦を指揮していた。牛島は南京攻略戦を指揮し、長勇は南京虐殺事件の首謀者である（文吉盛清『日露戦争百年』同時代社）。

興味深い一つの記録がある。国立公文書館蔵「任陸軍大将陸軍中将牛島満」という資料だ（アジア歴史資料センター）。阿南惟幾陸軍大臣は一九四五（昭和二十）年七月十四日に、鈴木貫太郎総理大臣に牛島満の進級を求めた。そのなかには「本人ハ第三十二軍司令官トシテ沖縄諸島方面ニ出動其ノ功績顕著ナル処六月二十日戦死セル者ニ有之候条同日附発令相成度候」とある。
牛島は六月十九日、部下に最後まで戦うことを命じ、二十三日に長勇参謀長とともに沖縄島南部の摩文仁で自殺したとされている。自殺の日は諸説があり、確定するだけの新情報を私はもっていないが、この資料によると陸軍では七月十四日段階で六月二十日の死亡を確定している。当否はさておき、陸軍が牛島満の死をその日と特定していること自体は重要だろう。陸軍は確かな情報をもっていたのか。その日に死んだことにした方が都合がよかったのか。なんらかの根拠で、陸軍は牛島を二十日に死んだとした。そして、沖縄を米軍に占領させ、住民を戦闘に巻き込み、多数の犠牲者を出させた司令官を「其ノ功績顕著」として、その日に遡って中将から大将に昇格させている。

軍隊をはじめ日本社会には、厳然とした階級があり、死んでもその階級のなかで生きている。頂点には「天皇」があり、周縁や最下層には住民がおり、さらに住民のなかでも老人や子ども、体の弱い人や弱者がいたのだ。日本人の向こうに琉球人や台湾人などが置かれた。中心から遠く周縁になればなるほど、命も軽く扱われ、犠牲も当然とされた。

そのなかで、第三十二軍司令官牛島満はその死んだとされる六月二十日付で、大将に昇進した。その司令官は兵士だけでなく、住民多数を犠牲にしたにもかかわらずである。死んで昇進するのは、軍隊の論理でもあった。一方で、司令官は兵士に最後まで戦うことを命じて自殺した。残された兵士も、使い捨てだったということである。司令官なきままの武器を持った敗残兵たち。戦闘は続き、住民は最後までその戦闘に巻き込まれ続けた。

「戦場というのがどういうものか。経験していない人には想像しにくいと思う」。シンポの事務局の電話に、そんな声が届いてきた。電話の向こうから、具体的に地名を挙げながら続けられるリアルな説明に、私は不思議な錯覚にとらわれていた。その声の主は、現在を生きている人でないのではないか。もしかしたら、その声は時を超えて六十五年前から届いてきたのではないか。残された脳が、電話を通して私にメッセージを送っているのではないか。そんな思いにまでとらわれ始め、錯綜した感覚で見えない相手が語る六十五年前の様子に耳を傾けた。「当日は参加します」と言ったその声の主が、会場に足を運んだかどうかはわからない。当日、声をかけてくる老人はいなかった。

＊

「骨からの戦世」は慰霊の日の六月二十三日夕、県立博物館・美術館で開かれた。慰霊祭や催しを抱え、忙しい一日にもかかわらず百四十人ほどが参加した。具志堅隆松さんの遺骨収集についての報告のあと、比嘉豊光さんの写真のスライドショー、脳みそが出てきた様子を写したビデオ上映のあと、シンポジウムとなった。骨からのメッセージをどう受け取るのか。発言したメンバーは、脳みそが出てきた際のビデオを見るのは初めてだった。パネリストが自分の個人史も含めて話していたのが印象的だった。

考古学者で県立芸術大学教授の安里進さんは、文化財行政では戦争遺跡に関して県に広い権限があることを指摘しながら、歴史体験が違う沖縄とヤマトでは、基本的に「違うことから始める必要があるのではないか」と歴史認識の違いを踏まえることも重要だと指摘していた。詩人の高良勉さんは、これまで語られなかった戦争体験の構図なども説明しながら、日本の戦後処理のありようが今日の日本の問題をもたらし、戦後処理をきちんとしないと始まらないと語っていた。大城貞俊さんは「ひとりひとりが『カチンの森』をつくらないようにしないといけない」とも話した。沖縄経験史研究会の豊見山美和さんをコーディネーターに議論は深まっていった（「琉球新報」七月一、二日）。

今回話題にしている脳みその主は日本兵である。戦争に動員され異郷で死んでしまった骨を、ひとりの人間として見れば、彼もまた日本から遺棄されたのだということができる。死んだ彼が、生き延びた日本兵や指揮した上官、さらには戦地へ派遣した国などに対して怨念を持ち続けたとしても十分な理由がある。しかし、日本兵であったことを考えれば、死んだからといって贖罪されるものでないだろう。彼は戦場で死んだ「良心的な日本兵」だったのかもしれない。逆に、住民を避難壕から追い出し、あるいは住民を殺害した日本兵の一人だったのかもしれない。いずれにせよ、それでも残された頭蓋骨からは、彼自身の無念さが伝わってくる。死んだ場所や状況も誰にも知られず、葬送も行なわれていない。

ささやかなイベントはこれらの骨の葬送儀礼であり、慰霊祭だったようにも思う。それでも、この程度のことでは彼らの魂を葬送することはできないだろう。さまよう魂は自分自身の怨嗟を抱えつつも、同じようにさまよう住民や日本兵のために犠牲となった住民の魂からは怨嗟の対象となり、死後ももがき苦しんできたように思う。軍隊で序列があったように、死に際しても序列があったはずだ。それは死後もまた続く。そうだとするなら、死んでも消えないさまざまな怨念は、その序列を遡りその原因を自覚することでしか、消化できないのだと思う。脳みそを残した頭蓋骨の魂は、かつての上官らへとその怨嗟を向けるか、その原因を自覚して受け止めていくしかない。しかし、現実の彼らはもう死んでしまっている。

ひとりの人間を招集し、兵士に仕立てて派遣し、死んだら放置した大日本帝国。どこまで兵士を送り出したか。これは沖縄だけのことではないのだ。埋もれたままの脳みそを残した頭蓋骨が、日本軍の足跡のある地域で、いまでも幾つも残されているのではないか。日本人はそのことに思いをはせるべきだろう。そして、死んだ兵士に向け続けられる怨嗟と、彼らの苦悩を受け止める必要がある。兵士の周辺にある二つの異なるベクトルの怨嗟を現実世界で解きほぐすことができるのは、死んでしまった彼らではない。現在を生きる日本人なのである。同胞の苦悩に思いが及ばない民族は、他民族の存在や苦悩に関心を示し、共感し共生することはできないだろう。

＊

亜熱帯沖縄の梅雨は、温帯日本より一か月ほど早い。例年六月二十三日までには梅雨があけ、慰霊の日には青い空に入道雲の白が鮮やかな風景となることが多い。それでも、どこか大地の湿気が残り、草いきれがむっとするような時期でもある。

四月、そして五月六月という梅雨の時期、体にまとわりつき、体力を消耗させるような湿気。人々はどんな思いで、ぬかるんだ土地にはいつくばり、ガマや森林で生き延び、あるいは死んでいったか。沖縄戦を生き抜いた人のなかには、生き延びたという実感を太陽のまぶしさで表現する人がいる。いろいろな闇があったのだろうか。六十五年余ももがき苦しみ、地中の闇から出てきた骨が伝えようとしているのは、現在の闇もまた、六十五年余前とそれほど違わないということなのかもしれない。

徴兵忌避と日本政治の忌避——本部事件から百年

（沖縄からの報告9・二〇一〇年十一月号）

この間、久しぶりに沖縄島北部の本部町《もとぶ》までドライブした。名護までは高速道路を使い、その先はあちこちで拡張工事をしている西海岸沿いの道路を走らせ本部を目指した。本部では古い港街や旧集落などを見て、町役場を通り、町の博物館を見学し、それから今帰仁《なきじん》村を経て東海岸へ抜け、宜野座村を回って帰ってきた。強い日差しが車内を暑くして、少しバテ気味になりながら、一日がかりのドライブだった。

本部町に行ったのは、一九一〇（明治四十三）年に起きた「本部事件」と呼ばれる徴兵検査をめぐる騒動から、今年でちょうど一〇〇年になるため、関係する場所の現状などを確認するのが目的だった。本部の集落の小道を回りながら、ひと昔前の面影を残した住宅や屋敷林が残っている様子に、タイムスリップした感覚にとらわれたりした。

＊

徴兵令が沖縄で施行されたのは一八九八（明治三十一）年である。沖縄県設置後、沖縄では日本に対する抵抗が続いたため、長いこと徴兵令の実施は見送られていた。しかし、日本政府は日清戦争で勝利したのを契機に徴兵令の実施に踏み出したのである。

ところが、徴兵令が実施されると、初年度から徴兵忌避者が続出した。本部間切《まぎり》（当時）も例外ではない。徴兵忌避の何人かは清国へ亡命し、福州で琉球救国運動を続けていた沖縄人と合流した。当時の資料に登場する本部関係者は多い。例えば上地流《うえちりゅう》の開祖である上地完文《かんぶん》は本部の出身で、一八九八年五月九日に清国に密航している。上地は福州で南派少林拳周子和に師事し、十三年も修行したという。

明治四十年代初期には、沖縄の徴兵忌避の多さが日本政府内で問題となり、一九一〇年の徴兵検査には軍による視察がなされた。本部事件はその年に発生した。「沖縄県徴兵検査ノ際村民不稔ノ挙アリタル件」として、事件の裁判記録や報告書などが残されている。この資料から、事件を見てみよう。

一九一〇年の本部村（当時）徴兵検査は五月十八日、本部尋常高等小学校で行なわれた。検査官は沖縄警備隊区司令官で陸軍歩兵中佐・野島貫一や徴兵医官らが行なった。警官は名護分署長の警部ら四人だった。

検査は午前八時から始まった。小学校内外には検査対象者や付添人ほか多数の住民が集まり、検査を見守っていた。午後三時ごろ、身体検査で一人の青年が、左ひじを七〇度に曲げたまま伸びないと申し出た。本人は幼年時代の落馬で骨折したためだという。疑った医官はあとで詳細な検査をすることにし、ひと通り検査が終わると、再び青年の検査を行なった。医官は青年を仰向けに寝かせクロロホルムをかがせたので、青年はこん睡状態となった。そのうえで、医官が左ひじを伸ばすと、腕はほぼ水平に伸びたので医官は屈折を装ったものだと判断した。

場外で悲鳴を聞いた青年の兄は、弟への面会を求めて教室へ入ろうとしたが、警察官に阻止され、一度は引き下がった。兄は叔父とともに戻ってきて、医官の不法を訴えて面会を求めた。付添人らも面会を求め、村民二百人余が検査場に乱入し声をあげ床を踏みならし、机などを破壊した。

野島司令官や指宿軍医、東曹長、吉武軍医、永田軍曹の五人が抜刀し、検査場内へ進んで指揮刀を振り回したため、住民は負傷者を出した。住民は校庭内に集まったままで解散する様子がないので、司令官らは軽装で軍刀だけをもって学校を抜け出し、ひそかに山道から名護へ向かった。彼らは午後九時半ごろ名護警察署に到着すると報告電報を打電し、応援警察官の派遣を県警務部長に要請した。

事件はそれ以上拡大せず、翌日には再度検査が行なわれた。そして、検査が終わったあと、住民の二十四人が騒擾罪で予審請求され、七月十五日に予審の決定が出た。そして二十四人のうち一人は予審で免訴となり、二十三人が起訴された。起訴された二十三人のうち、二十一人が有罪となり、二人は無罪となった。

事件のあと、本部地域は監視と抑圧の対象となった。

*

陸軍省の堀吉彦は事件のまさに直後に現場を訪れ、事件の報告書も書いている。堀は報告書で、沖縄の徴兵忌避は単なる徴兵忌避ではなく、根の深い「日本政治ノ忌避」であると指摘している。つまり、沖縄での徴兵忌避は日本各地で個別に発生している徴兵忌避とは本質的に異なり、日本政治そのものに対する抵抗であり、そのため地域ぐるみだと見ていた。そして、清国への渡航や密航など非合法の徴兵忌避だけでなく、ハワイや南米などへの渡航という名目で、合法的に徴兵を逃れている若者が多数いることも指摘していた。

堀が報告しているように、沖縄の徴兵忌避は日本の琉球国併合に対する抵抗運動である琉球救国運動と結びついていた。近代沖縄における抗日運動の一つだった。徴兵忌避で福州に密航したあと、帰国して本部事件にかかわり処罰された人物もいる。また、亡命先の福州から帰国した若者でも、徴兵忌避をあきらめていたわけではない。亡命や逃走など十年近くも忌避を続け、逮捕された際には指を切断していたという事例もあった。沖縄人にとって、徴兵されることは琉球国を併合した日本の「兵」になることだった。また、当時の日本はアジアへ侵略を始め、清国を戦場としていたので、日本兵になることは侵略軍の兵士となることをも意味していたのである。

この本部事件に着目し、沖縄の近代史に位置づけたのは新川明だった。新川明は沖縄の「日本復帰」(一九七二年)直前の一九七一年二月から翌年四月まで、「沖縄タイムス」で「叛骨の系譜——沖縄闘争物語——」を連載(のちに『琉球処分以後』上・下巻、朝日新聞社刊)し、そのなかで本部事件を取り上げている。先に紹介した資料「沖縄県徴兵検査ノ際村民不穏ノ挙アリタル件」などの資料の存在は明らかになってはおらず、新川は事件当時の『琉球新報』や『沖縄毎日新聞』の情報をもとにしていた。当時の報道は、県側の抑圧や検閲の跡がうかがわれるが、それでも新川は事件の意味を適切にとらえていた。

＊

古い話題が長くなりすぎたので、現在に引き戻そう。その「本部事件」から今年は百年である。いまの時代状況に引き寄せると、百年という節目には意味があるように感じる。そのため、本部へのドライブとなったのである。現在の本部町役場が事件のあった学校だった場所だ。徴兵官らがひそかに名護へ逃れるために通っただろう裏山を見て、また事件を意識しながら、関係者が住んでいた地域を回ると、これまでと違ったイメージが立ち上がってくる。新川が事件を取り上げたのは四十年ほど前で、新川の段階では事件から六十年ほどしか経過していない。

かつて新川が「叛骨の系譜——沖縄闘争物語——」を連載した沖縄タイムスの現在の紙面が気になった。昨年は「琉球処分一三〇年」を大々的に取り上げていたが、「本部事件」にはあまり関心がないようだった。事件が過去の歴史となりすぎたのか。それとも、逆に「日本政治ノ忌避」という側面が、現在的意味をもちすぎているのか。あるいは、もう社会的に関心をもたれない話題なのか。事件は現在性をもたない過去のものとなっていたようだ。

しかし、百年ほど前、徴兵忌避者や本部事件の関係者が直面し、選択を迫られて苦しんだ課題は解決されて過去のもととなったわけではない。現在でも、形を変えながら私たちの前にあるといってもいいだろう。本部事件が起きた一九一〇年の徴兵検査の様子を記録した報告書「明治四十三年度　沖縄警備隊区徴兵概況」は現在、防衛省防衛研究所図書館に収蔵されているという。忌避者の名前や忌避方法などの記録が、現在の防衛省に引き継がれているということだ。引き継がれたということは、具体的な意味をもっているのではないだろうか。

四十年ほど前、本部事件を「叛骨の系譜」に位置づけた新川明の時代認識の深さや先見性と、現在との相違はどこからくるのだろうか。戦争や沖縄の置かれている位置に対する切迫感なのかもしれない。新川は、騒擾罪とされた本部事件を問い直し、沖縄の「闘争」の一つとして評価し人々の名誉を回復させた。それらのことを通して、沖縄が「日本復帰」へ突き進み、「領土」をめぐる時代の節目に、新川は歴史的事件の評価を反転させたのだった。沖縄と日本とのねじれた関係を沖縄側から読み替えたといってもいいだろう。

＊

いま、沖縄の尖閣諸島の問題がクローズアップされている。日本政府の対応のまずさを隠すためだろうか、マスコミで中国のマイナスイメージが煽られ、日本の排外主義や反中国感情が高められている。事件は、沖縄への自衛隊増強や国防の必要性を強調するために利用されているのではないか、との疑念も消えない。日本社会は戦争を望んでいるのだろうか。そこには、自分の住む身近な地域で戦闘が行なわれてこなかった日本「本土」の無意識が強くあるのかもしれない。しかし、こんど日本が戦争をするとすれば、戦場は日本「本土」となる可能性がないとはいえない。戦争すれば、国土が戦場となることを想定する必要があるだろう。

歴史家の井上清は一九七〇年代、『「尖閣」列島——釣魚諸島の史的解明』を公表し、「尖閣」列島は日本の領土ではなく、中国のものだと説いた。その結論の是非はさておき、ひとつの驚きである。現在ならインターネットで「売国奴」などと総攻撃を受けかねない論文だ。当時でも、その結論は無視されたりしたのだというが、それでも、「領土」をめぐって自国の政府の主張に異議を唱え、公表される環境があったのだ。井上は資料からたどり着いた結論を淡々と書いている。

「領土」や「軍隊」は国家の根幹にかかわるテーマである。それであるがゆえに、自国の主張に対し異議を唱えることは、なかなか難しい。しかし、近代以降、沖縄はこの「領土」と「軍隊」に関し、日本「本土」と利害が対立するなかに置かれてきた。領土問題でいえば、琉球国併合や「琉球分割条約」、サンフランシスコ平和条約や日米安保条約、沖縄返還協定。そして、軍隊でいえば、徴兵忌避や沖縄戦での沖縄人のスパイ視や住民虐殺、米軍と米軍基地など。その構図のなかで日本政府は、沖縄に負担を押しつけ、日本「本土」の繁栄を享受してきた。それらに対し、沖縄が自己主張しようとすれば、不利益を押しつけようとする日本政府と対立せざるをえない。いずれにしても、沖縄の利益と日本「本土」の利益は両立することはなかった。これは現在の普天間や辺野古をめぐる日米沖の三つどもえの動きでも同じだ。

いま、普天間基地撤去と、自衛隊の配備強化と尖閣諸島の問題が同時期に表面化しているのは、象徴的でもある。自衛隊や日本の領土問題とどう向き合うのか。沖縄は米軍が撤退する前に、これまで米軍の背後に控えていた課題がそのまま存在していることを自覚させられている。明治日本によって武力併合された琉球国は、その後の歳月で日米両軍の戦場とされ、あるいは、米軍の「自由な基地を提供する島」とされてきた。利益は日本「本土」が得て、その負担を沖縄人が背負わされてきたのだ。そして、この負の歴史が整理されないまま、米国の軍隊ではなく、日本の自衛隊が覆いかぶさってくる。

この意味でも、百年前に「本部」が遭遇した課題は、過去のものではない。歴史の歯車はひと回りし、新しい顔をして同じような課題を提示している。当時も志願兵として、あるいは積極的に日本兵になった沖縄人もいた。また、日本に協力することで、現実的な利益と社会的な地位を得た沖縄人もいた。それらはどの時代にもある処世の姿でもある。ただ、沖縄社会の底流の思潮は「日本政治ノ忌避」であり、日本政府もまた、そのように見ていたからこそ、住民と兵士が入り混じった戦場での沖縄人を「スパイ視」することとなった。

現在の若者なら徴兵検査にどう対処するだろうか。本部からの帰り道、百年前の事件のイメージが立ち上がり、そんな問いが脳裏をかすめる。「琉球処分」と呼ばれた日本の琉球国併合から百三十年余、沖縄戦からは六十五年。こうして振り返ってみれば、沖縄戦はちょうど折り返し地点だ。その節目で、沖縄はいかに不利益を拒み、日本「本土」との関係をどう考え、尖閣諸島や自衛隊配備強化に対処するのか。沖縄もまた大きな変わり目にある。

難しい時代なのだろうか。寝苦しい夜は新川明の『琉球処分以後』を取り出して読んでみる。

山之口貘文庫と沖縄県立図書館

（沖縄からの報告12・二〇一一年二月号）

沖縄県立図書館が開館百周年を迎えて、昨年（二〇一一年）十一月一日に記念式典が開かれた。記念行事として、沖縄出身の詩人・山之口貘の生原稿などを展示する「山之口貘文庫開設展」や「県立図書館一〇〇年の歩み展」も開かれていたので、貘ファンとしては見逃せないということで足を運んだ。

沖縄県立図書館は一九一〇（明治四十三）年八月一日に開館しているが、沖縄にとっては単に「県立図書館」という以上に重要な意味をもっていた。初代館長が伊《い》波《は》普《ふ》猷《ゆう》、二代目・真境《まじき》名《な》安《あん》興《こう》、三代目・島袋《しまぶくろ》全発《ぜんぱつ》という初期の館長名を挙げると、沖縄の文化事情を知っている人には、その意味がわかると思う。彼らは「琉球学」「沖縄学」と呼ばれる沖縄研究で重要な役割を果たした人物であり、図書館はその活動拠点でもあったのである。

明治政府は琉球国を併合し、一八七九（明治十二）年に沖縄県を設置した。日本各地では近代の高等教育機関が設置されるが、沖縄では琉球国時代の「国学」を頂点とした教育体制を解体し、知的空間の「処分」を進める一方で、新しい高等教育機関を設置しなかった。県立図書館は、それらに代わる知の拠点の一つだった。戦前期を彩る知識人でジャーナリストの末吉安恭《すえよしあんきょう》（麦門冬《ばくもんとう》）が、伊波の後任館長就任を目指して、活動していたという逸話も、県立図書館の位置を示すものだろう。

明治末期まで琉球国併合に対する抗日運動の中心にいた浦添朝忠（中国名・向有徳）や義村朝義（向明徳）らが、家伝の書籍や清国で入手した漢籍などを県立図書館へ寄贈したのは、図書館に「琉球」の自立や将来を切り開く場としての可能性を見出していたからだろう。琉球国滅亡後、久米村に秘匿されていたおよそ四百五十年間余に及ぶ琉球国の外交文書・文案集である「歴代宝案」が、関係者の努力で昭和期に県立図書館に移管されたことも、その延長線上で考えていい。

その県立図書館も、当然ながら一九四五年の沖縄戦に巻き込まれた。図書館は米軍上陸前に、その蔵書を沖縄島北部地区へ避難させたが、地上戦のなかで疎開先で散逸し、「歴代宝案」などおよそ三万冊の蔵書の所在はわからなくなったという。

＊

戦前の蔵書を沖縄戦で散逸した図書館の戦後は、引き継ぐ資料のないまさにゼロからの再出発となった。戦後に東恩納寛惇《ひがしおんなかんじゅん》、真境名安興、山下久四郎、比嘉春潮、天野鉄夫らの収集した資料が図書館に収蔵されることで、戦前の資料がなんとか補えるようになった。

ここで気になるのが、初代館長・伊波普猷の資料である。伊波は戦前に東京へ生活の拠点を移しているので、資料はなんとか戦火をくぐり抜けていた。初代館長の資料が、その図書館に存在しないというのは寂しい。伊波資料は、琉球大学附属図書館が収蔵している。大学の略年譜によると、伊波資料は一九五五（昭和三十）年、当時の仲宗根政善琉球大学副学長の尽力で伊波冬子氏（普猷夫人）から、琉球大学に移管されたという。

話が少し複雑なのだが、琉球大学は一九五〇年、米国統治下で米国民政府布令第三〇号によって設立され、六六年に琉球政府立となった。そして「日本復帰」（一九七二年）の際に、琉球大学は文部省へ移管され、国立大学となった。「復帰」で、琉球政府が沖縄県庁へと引き継がれ、琉球政府立図書館が県立図書館となったことを考えると、琉球政府立だった琉球大学も県立となるべきだったはずだが、琉球大学は「国立」の道を進むことになる。

生前の伊波らの沖縄文化に関する努力を知っている仲宗根政善らが、知の拠点として戦後にスタートした琉球大学で伊波の資料を引き取ったというのは、その志を受け継ぐ行為でもあった。「復帰」以前、伊波資料が大学にあるということは、同じ琉球政府立の大学と図書館という場所の差異だった。「復帰」の際、琉球大学はなぜ県立ではなく、国立の道を進んだのか。琉球大学が国立となったことで、伊波資料は「県」から「国」へとその保管先を変えてしまった。収蔵先が県立の機関でないのは、伊波や関係者の意志というよりも、「復帰処理」の一つの結果でもある。

＊

前置きが長くなったが、「山之口貘文庫」の話が本題だった。山之口貘は一九〇三年に沖縄に生まれ、戦前に上京し詩人となった。一九六三年に亡くなっている。「バクさん」と呼ばれて、沖縄ではいまでも人気の詩人だ。「山之口貘賞」という彼の名前を冠した詩の賞もある。貘さんの手書き原稿などが県立図書館に寄贈され、開館百年の記念事業の一環として、文庫が開設されたのだ。資料をめぐる先の幾つかのエピソードを知れば、貘資料が県立図書館に収蔵されることの意義がわかるだろう。

県立図書館のある与儀公園内には貘さんの「座布団」という詩碑がある。この詩碑建立にかかわったのが、貘さんの友人の末吉安久や国吉真哲《くによししんてつ》らだ。末吉安久は、先に紹介した末吉麦門冬の弟で、戦後の社会文化復興に貢献し、戦後二代目の県立図書館長だ。貘資料にあった詩集の出版祝賀会の芳名帳には、東恩納寛惇や比嘉春潮の名前があった。彼らの資料も県立図書館に収蔵されている。これらを考えると、貘さんの資料は先輩諸氏のそれに囲まれて、現在考えられる最善の場所に保管されたのだと思う。

以前働いていた新聞社で文化面を担当していたとき、たまたま貘さんの生誕百年（二〇〇三年）と遭遇した。これ幸いと、その年は貘づくしの一年となった。貘さんの詩を「貘の贈りもの」というタイトルで、週に数回一日二、三篇ずつ新聞に掲載し、イベントも、那覇市と石垣島で開催したりした。詩の朗読会では、四百八十人収容の会場があふれ、廊下にモニターを出したりと、驚くような反響だった。「山之口貘賞」を抱えているもう一方の新聞社も、競って各種の企画をし、さらにテレビ局はローカルから全国放送まで、貘さんの番組を放映した。詩の同人誌では特集が組まれるなど、「山之口貘ブーム」となった。娘の泉さんも、この年は何度も沖縄に足を運んで協力してくれた。

生誕百年で情報を収集していると、貘さんが詩の朗読している音源やインタビュー、カチャーシーを踊る映像など、いろいろな資料が出てきた。電話をかけてきて貘さんの話をする人や資料を持って訪ねてくる人、貘さんが帰郷した際にいっしょに飲んだ、あるいは貘さんを案内したなどと、「精神の貴族」「多くの人に愛された詩人」という言葉がリアリティを増していった。

＊

嵐のようなブームには、光と影がつきまとうというが、貘さんの場合も例外ではなかった。生誕百年の一年が終わってしばらくして、知人が貘さんの詩を紅型《びんがた》で染めたA３用紙ほどの大きさの一枚の布を持ってきてプレゼントしてくれた。朱色で電車の形を染め、その中に白抜きの文字（おそらく貘さんの直筆の形を使ったもの）で詩が書かれている。貘さんの「満員電車」という詩だ。県立図書館近くの詩碑を建立するさい、資金を集めるためだったか、お礼用だかに末吉安久らが作成したものだという。

満員電車
爪先立ちの
靴がぼやいて言った
踏んづけられまいとすればだ
踏んづけないでは
いられないのだが

朱色の電車がかわいいこの布は、額に入れられて我が家の居間のいつも見ることのできる位置に置かれている。娘の泉さんから聞いた幾つかの話と合わせて、生誕百年の記念品となった。もう一つ。こちらは陰ということになるのだろうか。貘さんが戦中に書いたカタカナの「アカイマルイシルシ」「オホゾラノハナ」の二篇の児童詩から、貘さんはこれまで言われていた「反戦詩人」ではなく、戦争に協力する詩を書いたという論考が発表された。ライバルの新聞に掲載された文章だったので、自分たちの紙面での対応が難しかったが、違和感の残る文章だった。「アカイマルイシルシ」「オホゾラノハナ」の二篇の詩をどう理解するか。難しい課題だが、これは社会や時代の動きにどこまで抗えるのか、ということなのだと思う。社会のあらゆるものが国家に総動員され、戦争へと突き進む。その社会に生きて現役として生きていく限り、抗える範囲・限度があるだろう。抗えば排除され、拘束され、生命を維持する基盤を失う。行き着くところは死である。戦時下の総動員体制は、そのような状況なのだ。

永井荷風の『断腸亭日乗』などを読むと、一線を退いた老人の日記でも、告発などに気を遣う時代でもあった。当時の国民は、たとえていえば貘さんの「満員電車」のなかの靴のような存在だったのだと思う。「大日本帝国」という大きな電車に乗せられ、それでも指定席のような場所を確保された人もいる一方で、最後尾で切り離されるために屋根のないような場所に置かれた人もいたりと、多くの国民は「踏んづけられまいとすればだ／踏んづけないでは／いられないのだが」ということだったのだろう。

「そのとき、あなたならどうするの？」ということ。「踏んづけてはいけない」というなら、踏んづけられ続けるだろう。指定席でゆったりと安全な場所を確保し、他者にそのことを求めるのは、酷というものかもしれない。殺戮と破壊を尽くした満員電車に乗っていた責任はあるのは確かだが。自分が同時代に生きていたとしたら、どう生きたか。自信はない。

満員電車に揉みくちゃにされながら、「踏んづけられまいとすればだ／踏んづけないでは／いられないのだが」と書く貘さんだからこそ、満員電車で爪先立ちになり、他者を踏むことに気を遣いながらも踏んづけながら生きざるを得なかった多くの人の共感を得て、愛されたのだと思う。

＊

伊波普猷の資料は、沖縄の知の拠点として大学に託されたのだろうけれども、時代の節目に肝心の琉球大学というその電車が、「国立」という車列に連結されてしまった。伊波普猷や関係者が生きていれば、どう考えるだろうか。県立図書館開館百周年式典の会場で、そんなことを考えたりしていた。

貘の娘・泉さんは、貘さんの資料について古本屋からチラホラ話がくるようになり、自分の子供がいつか欲を出さないとも限らないから、と式典でユーモアも交えながら、語っていた。泉さんは、生誕百年で何度か沖縄に足を運んだ際にも、県立図書館を訪ねたりしていたようなので、その場を見て考えたうえでの選択だったのだろう。県民にとっては、とてもありがたいことだ。

貘さんの葬儀委員長も務めた詩人の金子光晴は沖縄が「日本復帰」したさい、沖縄の新聞に寄せた一文で次のように書いている。

「僕一個の考えとしては、おもいきって、さっぱりと独立して、損害は日本とアメリカに負担させ、十分にあゆみだしのできるようにするようにできた方が、物心両面においてプラスだったのではなかったかとおもう。」「日本も、アメリカも、他家へ押しこんで勝手にぶちこわしをやって十分に償いをするのは当然のことであるが、さて、その償いとなると大変なことなので、当面をごまかして親切づらするという心がどちらにも本音として残っている。貘を墓から引っぱり出し

て、その点についても話してみたいものだ。」（「沖縄タイムス」一九七二年五月二十六日）

日本とアメリカは一九四五年、沖縄で激しい戦闘を展開した。「他家へ押しこんで勝手にぶちこわし」、人命だけでなく、図書館で言えば、およそ四百五十年間の琉球国の外交文書などを消失させた。大日本帝国もアメリカも、それほど長い歴史のある外交文書を維持保管してきた経験や文化をもっていなかったので、その価値と消失させた責任の重さを実感できないのかもしれない。

戦争による資料の空白を補ったのは、琉球学の先人たちだった。近代沖縄の苦悩を共有したその琉球学の群像と同じ場所に、貘さんの仕事も落ち着いた。沖縄の苦悩はいまも続いているのだが、この資料を通して、貘さんは沖縄とより深く結びつき、さらに愛されていくだろう。

よく考えれば、私たちはいまも「満員電車」に乗っているのだ。県立図書館の百年の歳月や資料の来歴は、そのことを自覚するように促してくれていると思う。そして、その「満員電車」には暴走する恐れがいつもあることも。

第二部

知念ウシ

お正月に家出した

（沖縄からの報告13・二〇一一年三月号）

西暦でいえば二〇一一年二月三日の沖縄正月（西洋暦を取り入れた日本暦を「新正」とするのに対して「旧正」と呼ばれることが多い。他のアジア圏では「春節」ともいう）元日の午後五時過ぎのことだった。私は家出した。

親子げんかをしたのだ。小二と小四の態度に私は傷つき、自分が否定されたように感じた。私はツレアイに、

「家を出ます。探さないでください。みんなが寝たころ帰ってきますので、夕飯お願い」

と告げると、

「あ、はい、いってらっしゃい」

といわれた。

多くの場合、親子げんかが原因の家出なら、出ていくのは子どものほうではないか。それなの

に、親が家出するとはこれいかに。しかも、正月、小学生相手。いったい、何があったのか。

ほぼ一週間のヤマトゥ旅（県外出張）から前日のトゥシヌユールー（大晦日）に沖縄帰国していた私は、その日、張り切っていた。大晦日料理の「大煮《ウーニー》」が旅疲れでできなかった分も、正月をがんばろうと思ったのだ。そこで、学校から帰ってきた子どもたちに、一緒に掃除したり、買い物に行ったりして、正月の準備をしようと呼びかけた。そのことを楽しみに私はヤマトゥから帰ってきたのだ。ところが、子どもたちには、けんもほろろに断わられた。

小二の娘はいう。

「いやだ、これから友達の家に遊びに行く」

「お正月に人の家に遊びに行ったりしないよ、家にいるもんだよ」

「お正月なんかじゃない、今日は節分。学校でやった。豆まきもした。太巻きも食べた」

小四の息子はいう。

「宿題する。塾もあるし」

これで、私は「傷ついた」のだ（と書くとしおらしいが、実際には、取り乱して怒りだした）。なぜ？

まず、節分。確かに、二月三日は日本暦の節分（しかし、日本でだって、そもそも節分は「旧暦」ではなかったか）とまさに重なった。以前から気になってはいた。「そろそろ『旧正』の準備だな」と思っているころに、子どもの学校では、鬼と豆まきの絵が貼り出され、歌が流され、日本の節分教育が真っ盛り。子どもが自分とはちがうところに連れて行かれている感じだ。日本の文科省の方針と、近代以来の「日本的常識を知って立派な日本人にならなければ、日本人に差別される」という（実体験からくる）恐怖によって、同化教育が沖縄人の手で継続されているのを目の当たりにさせられる（しかしこれで、差別を問い、差別とたたかう力は育めるのだろうか。もう、同化せずとも、このままの自分を差別するな、といえる沖縄人を育てなくてはいけないのではないか）。これは一例にすぎない。近年では、沖縄文化を学校教育に反映する努力もよりなされてはいるが、このように日本文化教育と重なったときは、沖縄文化は軽んじられるのである。

スーパーマーケットでも、「旧正月」用の料理の材料と、節分用の太巻き寿司（大阪発祥らしい）、特にその日一定の方角に向かってかじると幸せになれる、という「恵方巻《えほうまき》」（近年商品開発された？）の宣伝が並んでされている。

ちなみに、その「恵方巻」、宣伝写真では、確かにおいしそうだし、幸せになれればバチクヮイヤサ（まあ、ラッキー）と誘惑されて、私もかじってみようと、実は旧正前に買おうとした。するど当日販売のみだという。正月に盆はしないように、正月に別の行事をするのは難しい（しかし、学校では節分をする）。なのであきらめた。

私はこれまで、それほど積極的に正月などの行事を祝ってはこなかった。しかし、子どもたちも少し大きくなって、私の体力にも多少余裕が出てくると、このようにせめぎあい、いや、すでに大方日本色に染められている沖縄・琉球から、植民地化を脱した時間や空間をもつために、（反基地運動以外にも）何かやりたいと思うようになった。それを子どもたちにも体験させ引き継がせたい。また、一昨年、一〇一歳で亡くなった祖母が営み続けた伝統行事を私もやることで、祖母や、祖母が学んださらに上の世代の人々とのつながりを感じたい、ということもある。

この文脈で、娘の返答は、沖縄において子どもという次世代が親から引き離され同化システムに取り込まれてきた歴史を、私に思い知らせた。私だってその一人だ。そしてそれは、沖縄人のみならず、世界じゅうの被植民者の経験でもあるだろう。

そして、息子の返事も、沖縄における「学力」のテーマとして、私にせまってくる。近代の日本国家による琉球併合（「琉球処分」）以降、沖縄人が投げ込まれた日本資本主義のなかで生き残るための基礎力としての（日本同化を前提とした）「学力」。それを身につけさせるため、学校からは「家庭学習」の徹底、すなわち子どもに宿題をさせよと、圧力が親にかかる。これが私にとってここ数年来のストレスだ。やりたがらない子に勉強させるのはナンギである。しかし、やらせないで成績が悪くなると、学校で劣等感を植えつけられる。成績がよくなると、「植民地エリート」への道が待っている。このジレンマのなかで「『成績』が悪くても差別するな」といえる沖縄人を育てるにはどうしたらよいのか。

子どもたちは、以上のようなこと、つまり、私の葛藤、すなわちどうすれば私に打撃を与えられるのかを無意識に承知していて、あのような言い方をしたのではないか。子どもは賢い。親を見抜く。

かれらは、出張帰りの母親が、唐突に「正月」だといい出したことに困惑しただろう。やっと学校から解放された自由な時間に、また大人とつきあわなくてはならない。いやなのは当然だ。しかも、沖縄語教育同様、社会での「一般的支配的常識」だとは思えないものを、母親がまた自分たちに押しつけてくることへの反発もあっただろう。ならば突き返すのだ、親の痛いところを。

それは見事効果あって、私は一瞬絶句して、たじろいだ。そうなった自分自身にもショックを受けた。通常なら、それでも、もう少し粘り強く交渉するのだが、その日は打ちのめされた。ヤマトゥ帰りで疲れていたのかもしれない。

では、家出中の私は何をしていたか。あんなに正月がやりたいと騒いでいたはずなのに、私は喫茶店で三時間ぐらい週刊誌を読み、アイスクリームを食べた。次に書店へ行き、さらに二時間ぐらい立ち読みをした。そこで、学生のころよく読んでいた推理小説シリーズの最新刊を発見した。ブックジャケットのイラストレーターが変わっていたが、懐かしくて購入した。

そんなことをしながら考えていたのは、私だって、子ども時分、祖母がやる沖縄の伝統行事を熱心にいっしょにやっていたわけではなかったという事実だ。私は、これは「祖母の世界」に属するものであって、私のとはちがう、と横目で見ていたではないか。強くいわれたときにだけ、手伝ったぐらいだろう。「友達と遊ぶ約束がある」と断ったことだってあるはずだ。もっともっと祖母を傷つけたことだろう。

それなのに、祖母はなぜ、これらをやり通したのだろうか。私のように「取り返して次世代に引き継がせたい」と思っていたのだろうか。わからない。それより、とにかく、それをやらないと自分自身が落ち着かない、ということだったのだろうか。自分の親も祖父母もやってきたし、自分もいっしょにやりながら大きくなってきたのだから、やるのが当たり前。それが否定され、ちがう文化が「文明的」なものとして学校で教えられている子や孫がいたとしても、自分が学んだ文化を続けることが自己表現だったのか。

子どもの小学校のPTA仲間に、私より一〇歳以上若いが母親の伝統行事の手伝いをし続けて育った女性が何人かいる。いまや彼女らは自分でそれをやらないと落ち着かないという。やらないと落ち着かない、これが文化の一つの表われ方なんだろう。

そういう祖母の姿を垣間見ながら育ち、気がつけば私も、何かそれらしきことをやらないと落ち着かなくなっている。

ようするに、「自己満足」でいいのだ。子どもたちに沖縄の文化を手渡したい、という「下心」は捨てられないが、それを決して、押しつけず、求めず、自分のために、自分でやり続けること。そういう私を見ながら、子どもたちも何かを感じてくれたらいい。

植民地主義が吹き荒れる沖縄で、「自己満足」な時間と空間を持ち続けること、それだけでも、けっこうなたたかいである。

ただ、ここで一言、私の立場について触れておくと、私は核家族の一人っ子で両親はすでになく、ツレアイはアメリカ人で、夫側の親戚が沖縄にいない。すなわち、「姑」が近くにいない。沖縄の伝統行事も他の多くの場合と同様、家父長制との関係が濃厚である。それが中国と日本の天皇制から受けた影響についてここで論じる余裕はないが、私の場合はそれから多少は自由でいられる。だから、母方の祖母と私とのつながりという母系を生きることができている。しかし逆に、「根無し草」になろうと思えばなれる、ともいえる。つまり、文化継承のインセンティヴとサポートは不安定であり、これらを自分でつくっていかねばならないのだ。

脱植民地化のプロセスにおいて、沖縄文化のなかの家父長制、男性中心主義を克服していく課題は大きいだろう。

この原稿を書きながら、生まれて初めて思ったのは、私が歳を取り、孫をもつことになったら、その子は私のやっていることをどういうふうに受け止めるだろうか、ということだ。

私の死後、私のことを考えたりするのだろうか、いま私がやっているように。あるいはまったく、興味がない、とか？　私と私の祖母のような関係になる、ということがありえるのだろうか。今度は私が「祖母」役として。あぁ、祖母にその祖母（私の曾々祖母）との関係を聞いておけばよかった。

まあ、自分が年寄りになったときのことはまだ想像力が及ばないので（しかし、それは予想以上に早くやってくるものなのかもしれないが）、それはおいおい考えていこう。

さて、このように、心と頭を整理して、家族が寝ている家に帰ってきた。午後十一時、家出終了。

静かな家の片隅で一人でこたつに入って、買ってきたサラ・パレツキーの本をしばらく読んだ。これはV・I・ウォーショースキーという女性を主人公とするフェミニスト探偵小説のはしりである。それにアメリカのマイノリティ問題もからみ、学生のころ、愛読していた。主人公のV・I・はホロコーストを逃れてアメリカに渡ったイタリア人の母とポーランド人の父をもつ。その日、見つけた『ミッドナイト・ララバイ』（早川書房）には、次のようなシーンが出てくる。イタリアの伝統を教えようとイタリア語で話しかける母親に、子ども時代の主人公が叫ぶ。

「わたし赤ちゃんじゃないわ！　友達の前で赤ちゃん扱いするのやめてよ」わたしは英語で母にわめき散らし乱暴に手をひっこめた。

わたしの返事がイタリア語でなかったことに、母はショックを受けた。わたしは腹立ちのあまり、母の心を傷つけてやろうと思ったのだ。

背景はちがうが、何か似たようなことが起こっているのだった。

翌朝、事情を説明して、子どもたちと仲直りした。息子は、

「もう家出すんなよ」

といい、娘は、顚末を日記に書いて、学校に提出した。

心機一転、正月のやり直しである。仏壇を掃除し、床の間を正月飾りにし、赤・白・黄色の紙の上に昆布をまいた炭とみかんを飾った。壁には、娘が五歳のときに書いた「はる」という作品を掛けた（もう二度と書けない字である）。これで一気に正月気分が盛り上がり、私は心も軽やかに買い出しに行った。スーパーマーケットでは、さっそく次の「ジュウルクニチー」（グソーソーグヮチ〔「後生正月」〕。死者のためのあの世の正月祝い。旧暦正月の一六日に行なわれる）のための料理の材料の広告も掲げられていた。それを見ながら、大晦日も元日もちゃんとできなかったので、今度こそがんばるぞ、と気合を入れた。

一日遅れの正月のごちそうは、「ソーキ骨ぬ《ぶに》御汁《うしる》」である。私の出身地では、正月料理の定番は「イナムドゥチ」だが、今回は琉球料理のなかで私が一番得意なものにした。本格的な正月料理はまたもや先送りとなったが、ようやく「大望」なって、なんとか「正月らしく」過ごせることとなった。

後日、この話を同じ地域の先輩にしたらいわれた。

「私たちのところではジュウルクニチーやらないよ。地域によってちがうんだよ」

なるほど、そういえばそういうふうに聞いたことがある。

「なーんだ、やらなくて、いいんだ」

そうなると、満ちていたやる気が一気に抜けた。実はほっとした。だって、はっさ、行事やるって大変だのに。こういう感覚は正しく継承していると思う。

（沖縄からの報告16・二〇一一年六月号）

極私的沖縄連休の過ごし方

四月二十九日（元昭和天皇誕生日、現昭和の日）

沖縄島北部、恩納村の山中を切り開いてつくった「県民の森」に家族（震災避難中のメンバー含む）で来ている。連休中全員の予定が合うのがこの日だけなので「ゴールデンウィーク的家族行事」を遂行するために、出かけてきたのだ。

宿泊の予約ですでにいっぱいのキャンプ場だったが、夕方までなら、その一角を借りてＢＢＱができる。そこで、火を起こして焼きそばをつくることになった。

キャンプ場初体験の私はカルチャーショックを受けている。

一番の驚きは、右を見ても左を見ても、人々が使用しているテントや椅子、調理用品などのキャンピンググッズがみな、アメリカのアウトドア用品のカタログそのまんまなことだ。また、それぞれ一〇畳ぐらいの区画でスペースをもち、すぐとなりに別のグループがいる。それなのに、互いに目を合わせないようにしている。近くで、くつろいだり、料理したりしているのだから、なにげなく視線が合ったりすれば、ィエージ小《ぐゎー》（会釈、あいさつ）して、言葉を交わすのが自然のように思えるのだけれど……。ここではそうではない。人口密度が高く、丸見えのプライバシーを尊重するためなのか、意識的に無視し合い、互いにまるで存在しないかのようにふるまっている。自然の中にいるのに、相当に不自然なしぐさである。

私は家に帰りたくなった。地元にいたほうが、隣人と適当な距離を取りつつ（借景の）緑を楽しむことができるし、知らない人とも、道で見かければ会釈しあうようなところだ（私はそれが恋しくて、一五年暮らした東京から戻ってきた）。もしかしたら、キャンプ場こそが沖縄で一番の都会なのかもしれない。

ただ、沖縄県民として「県民の森」の名誉のために付言すれば、渓流沿いのハイキングは楽しかった。ハブが出ないか怖かったけれど、植物はきれいだったし、山中の細い道ですれちがうときは、人々はあいさつするのでほっとした。キャンプ場と山道とでの違いが依然不思議ではあるが……。

五月三日（憲法記念日）

三九年前「憲法」を求めて日本になったはずの沖縄で、まだ憲法九条やそれにともなう人権が実現されないまま、一年前のこの日も今日も、私は「未来」の原稿を書いている。那覇市内のカフェにて、外は雨。例年より九日早く梅雨入りした。

昨年のいまを思い出してみる。(註1) 四月二十五日に読谷村で九万人が参加したという「米軍普天間飛行場の早期閉鎖・返還を要求し、県内移設に反対し、国外・県外移設を求める県民大会」があった。それに対して五月四日に鳩山首相が沖縄にやって来て、逆に辺野古移設を告げた。同日、首相と市民の「対話」集会が普天間第二小学校であり、私も参加した。その後五月二十八日に、「米軍普天間飛行場を名護市辺野古崎地区・隣接水域に移設することで合意した日米共同声明」が発表された。

今年（二〇一一年）の五月四日には岡田民主党幹事長（一年前は外相だった）、七日には北沢防衛大臣（去年も同じ人）が来沖し、知事に、またもや辺野古移設を言う予定だそうだ。何回も言いに来ているが、実現していないこの一年で、沖縄では、名護市が市長だけではなく、市議会も移設反対派が過半数をとり、県知事選挙でも、投票数の九八％が県内移設反対を選択し、特に県外移設を主張する知事を誕生させている。

今日このカフェで書こうと思っているのは、四月二十七日、来沖したアメリカの上院議員に対して、私の仲間たち、「カマドゥー小《ぐゎー》たちの集い」がしたアピール活動のことだ。

その相手とは、アメリカの上院軍事委員会のカール・レビン委員長とジム・ウェッブ上院外交委員会東アジア・太平洋小委員長である。彼らは、財政赤字のため軍事費削減の議論のある米議会から、グアムと沖縄に視察に来たのだ。普天間の辺野古移設と在沖海兵隊のグアム移転をセットにした在日米軍再編の進捗状況を自ら確認し、その予算が本当に裏づけある必要なものかどうかを検討するために。グアムの新聞によると、二人は沖縄に来る前にグアムに行き、そこで次のように述べた。

「グアムの世論より大きな問題がグアム移転のスケジュール通りの実現に疑念をもたらしている。それが、県内移設に対するどうやら手におえない強情な沖縄の反対と、最近の日本での大震災である」（Pacific news center、二〇一一年四月二十六日）。

この記事を読んで私は
「ならば、ご期待通り、『手におえない強情な沖縄の反対』をご覧に入れましょう」

とつぶやき、英語の横断幕、プラカードをたくさんつくることにした。書いた文句は以下のとおり。

NO BASE（基地反対）、NO BASE TO HENOKO, NO BASE IN FUTENMA（辺野古移設反対、普天間基地反対）、TAKE YOUR BASES HOME（基地を持って帰って）、WE DON'T WANT YOUR BASES（あなたたちの基地はいらない）、FUTENMA AIR BASE OUT OF OKINAWA (NOT TO GUAM)（普天間基地は県外へ、グアムではなくて）、ENOUGH!（もうたくさん！）、FED UP WITH YOUR BASES!（あなたたちの基地にうんざりしています）、NO MORE SPACE FOR YOUR BASE（あなたたちの基地のための余地はない）。

当日はお昼過ぎから県庁前で、「県内移設に反対する手におえない強情な沖縄」の市民およそ四〇人による集会がもたれた。右の文句を掲げる幕やプラカードの横をレビン、ウェッブ両氏を乗せたアメリカ領事館の車は県庁へ入っていった。県知事にも県議会議長にも「県内移設は不可能、県外移設を求める」と言われた二人は、県議会前から出てきた時もまた、私たちに囲まれた。そのとき、仲間の一人が叫んだ。〝Futenma is ours! Okinawa is ours! Not yours!〟（その後、彼女に「どうして、私のあとに続いて言ってくれなかったの？」と言われて「だって、Rの発音が難しいんだもん」と答えたら、ちょっと本気で怒っていた……ごめん……）

五月五日（子どもの日）

本日の新聞、一面トップの見出しは、「沖縄タイムス」が「米、グアム移転費水増し」「日本の負担率低く偽装　政府追認　人数もかさ上げ」、「琉球新報」が「官僚、米に『妥協するな』」「海兵隊グアム移転で助言　人員・経費も水増し」である。内部告発サイト、ウィキリークスが二〇〇六年春に日米両政府が合意した米軍再編ロードマップに関する米公電を暴露したようだ。さて、どんなことが書かれているのか。

とはいうものの、私は今日は子どもたちを「子どもフェスティバル」に連れて行かねばならない。私は一面だけを見て、二紙を手に、車に乗り込み運転席に座った。

そもそも私は行楽地に出かけるのが苦手である。なぜ、休みの日にわざわざ人が多いところに行って疲れて帰って来るのか、意味がわからないのだ。だから「子どもの日だから、どこか遊びに連れて行け」と子どもたちに要求されても拒否していた。それに、すでに連休初日にキャンプ場に行って、ゴールデンウィーク的親の義務は果たしたつもりだった。しかし、ふと気がついたことに、「人が集まるところが苦手」といっても、私は反基地「集会」とか、よく行くじゃないの。そここそ「人が集まるところ」だ。つまり、私は、自分が行きたいところしか行きたくない、というただそれだけのことなのではないか。それだって大事だろうとは思うけれど、子どもたちにとってはフェアではない、と、ちょっと反省した（と、書いていると、小五になった息子がやって来て、のぞいていった。「へー、アンマ、反省したんだ」。そして、また去って行った）。

ということで、「子どもフェスティバル」に向かって、家の前の小路を出て、ハンドルを右に切った。すると、車の前を亀が歩いていた。そこは、かつて西海道と呼ばれたところだ。首里城と沖縄島中部とを通じる宿道である。現在観光地として有名になっている「首里金城町の石畳」と同じような道だったそうだが、車の通行が増え、四〇年ぐらい前に石畳の上にアスファルトが敷かれた。以前の美しい道を覚えている友人は、いつかそのアスファルトを剝がしたいという。その道を亀は首里城方面にゆっくりと進んでいた。初めて見る光景だった。私は車のスピードを落とし、窓から腕を出して亀を指さし、車内の家族と後続車に亀の存在を告げた。後ろの運転手も同様に窓から腕を伸ばして、周りの人に教えながらゆっくりと亀のそばを走った。亀が見えない二台後ろのタクシーがクラックションを鳴らした。

さて、「子どもフェスティバル」の会場は島中部に位置する北谷町《ちゃたんちょう》である。すなわち、オバマ米政権によるオサマ・ビン・ラーディン殺害に対する報復攻撃を恐れて厳重警戒態勢を取っている嘉手納基地から西へ、海へ続く埋立地にある屋内競技場である。

会場内は、小学生の子どもとその付添の大人とで混雑していた。各アトラクションには長蛇の列。しかして、その実態は、古びた蝶やクワガタなどの標本が飾られた「世界の昆虫博物館」、削った氷をホースで撒く「スノーアドベンチャー」（湿度の高い梅雨の沖縄ではすぐ溶ける）、小屋に閉じこもったまま出てこないため、何もいない巨大な水槽だけに見える「わくわくペンギン村」、ちょっと大きくなりかけ、もはや黄色いひよことは言えない鶏の幼鳥が、人間に触られるのをいやがって逃げ惑う「動物ふれあい広場」、ひたすらシャボン玉やり放題の「シャボン玉ランド」など、なかなかに場末な感じが趣き深かった。「おばけ屋敷」では、ところどころに骸骨の絵が浮かび上がる暗闇の中、足元だけぼんやり見える真っ黒な衣装の男が潜んでいて、ときどき出てきては、客を脅かしていた。しばらくすると、子どもたちはそれを見破り、自分たちのほうが脅かす側に回り、客同士で楽しんでいた。交代のため一瞬出てきた「幽霊」役を目ざとく見つけ、質問攻めにする子どももいた。昆虫を擬人化してプロレス中継のような派手な言葉使いで場を盛り上げ、クワガタ同士を戦わせる「巨大昆虫バトルショー」では、最前列でくいいるように見つめる我が子の姿に驚いた。小二の娘は一人四分の持ち時間のために一時間並んで、バンジートランポリンを堪能した。

子どもって、こういうことが好きなんだよね、と子ども目線でとらえようと努力したが、なかなかそうもいかなかった。他の大人役の人たちはどうなのか、と見回してみると、ニコニコ顔でいっしょになって楽しそうな人や温かく見守るふうの人もいるが、遠い目をして、人生是修行也という表情の人がけっこう多い。両腕を前に組んで立っている人もいる。ああ、私と同じなんだな、と一安心して「お互い、がんばろう」と心のなかでエールを送った。

そんななか、私の携帯電話には友達からのメールが続々と入ってきた。例のウィキリークスの米公電についての意見や感想だった。「いま、『こどもの日』実施中。帰宅したらメールします」と返信した。

五月八日（沖縄ではゴーヤーの日、でもナショナルホリデーではない）

先述のとおり、北沢防衛大臣が来るというので、またもや、カマドゥーの仲間と県庁前に行った。はあ、もうナンギなんだけど、誰もいないと、「沖縄」が受け入れたと思われるし、「県外移設」を主張して当選した知事を「監視」、じゃなくて、「支援」してあげなくてはならないから。

私たちの他に二五〇人ぐらい人が来ていた。そのうち名護の人たちが、きれいな初物のゴーヤーを持って来て、参加者に配っていた。ゴーヤーの日と、アメリカ国務省日本部長を退職させられたケビン・メア氏の「沖縄人は怠け者でゴーヤーもつくれない」等の差別発言への抗議だそうだ。とてもおいしそうで、家に帰ったら、スライスして鰹節と梅干しであえて食べようと思った。

私たちは横断幕「基地は県外へ」「日本人よ、今こそ基地を引き取れ」「普天間の空は私たちのもの、普天間の大地は私たちのもの」「北沢さん、自分の地元に引き取りなさい」を掲げた。その横を県庁から出てきた防衛省の車が通った。黒塗りの車が二台と後ろに官僚が二〇人ぐらい乗ったマイクロバスだ。男ばかり。彼らは私たちを「人類館まなざし」で物珍しそうに見下ろした。そのうちの一人と目が合ったので舌を出したら、お辞儀を返された。どこかで見た人だな、と思ったら、去年、この欄で書いた、普天間での住民対話集会で鳩山首相の後ろにいて、「口を半開きにして上空を見つめ、腕を組んで体を斜めにずらしたり、うつむいていねむりをしていた男だった。(註2)

(註1)「未来」二〇一〇年六月号参照。
(註2)「未来」二〇一〇年六月号参照。

普天間の空・普天間の大地は私たちのもの

(沖縄からの報告20・二〇一一年十月号)

二〇一一年八月十日水曜日午前九時から、私たち、「カマドゥー小《ぐゎー》たちの集い」は基地周辺の公園や自宅で、風船を揚げた。風船は直径およそ八〇cmのものが二七個、約三〇cmのものが二〇個、アルミ製のもの二七個で合計七四個、ヘリウムガスを入れ、二〇〜四〇mのテグスをつなげた(その他、自宅ベランダで二〇個揚げたとの連絡が今帰仁村の人からあった)。

私たちが初めて風船を揚げたのは、今年(二〇一一年)四月十三日、一九九六年に日米両政府による普天間基地返還合意発表があった日だ。それから一五年経ったが基地の土地は返されていない。しかし私たちはその約束を忘れず、一日も早い実現を要求して、「普天間の空も大地も私たちのもの」だとアピールしたのだ。

この時は、すぐに米軍が沖縄防衛局に中止させるようにと連絡して、防衛局の職員、警察、宜野湾市がやってきた。防衛局の人は最初「危ないじゃないか。そんなことをして、風船が米軍機にぶつかったり、糸がからまったりして、軍用機が落ちたら、責任とれるのか」と食ってかかってきた。私たちがやめずに続けていたら何も言わなくなったが、私たちの周りをずっとうろうろした。警察もパトカー三台、制服警官二〇人ぐらいが、何もいわず、そばにいた。米軍機は午前中飛行が止まった。

このことが新聞に載ると、新聞社の編集局やＨＰ、宜野湾市へ右記の防衛局と同じような言い方の怒りの電話やメールが多く寄せられた（午前中二時間で二〇〇〇件を超えた）。ほとんどは日本「本土」からのものだった（そんなに付近住民の安全について心配していることに驚いた。それなら、なぜかれらはこれまで、そんな危険な普天間基地の運用を認めてきたのか。県外移設に反対してきたのか）。当時、東北大震災での米軍の「活躍」が報道されている頃だったので「私たちのおトモダチに失礼だ」というのもあった。国会では、北沢防衛大臣が「処罰の対象になる」といった。

八月十三日は、二〇〇四年に米軍ＣＨ53Ｄ型ヘリコプターが普天間基地に隣接する沖縄国際大学に墜落炎上してから七年目の日だ。さらに来秋には、同基地に、開発段階から墜落事故を何度も起こしてきた垂直離着陸輸送機MVオスプレイが配備されるという。そこで、「黙ってはいられません。日米両政府は、わたしたち沖縄県民の尊厳、暮らしや命を守りません。それどころか、ますます危険を背負わせるようなことをする以上、わたしたちは、自分たちで自分たちや次の世代の子どもたちを守るための行動をするしかありません」(「カマドゥー小たちの集い」声明文)と、私たちは再び風船を揚げることにしたのだ。

しかし十三日ではなく十日にしたのは、八月十二日から十四日まで、沖縄で一番重要な行事であるお盆にあたっていたからだ。これは「旧」暦七月十三日から十五日にあるもので、「新」暦では毎年ちがう。八月十三日はナカビ(中日)で、グソー(あの世)から帰っていらっしゃったウヤファーフジ(ご先祖さま)の霊が滞在中の家では、外出を控えておもてなしをするし、位牌を持っていない家庭は、位牌のある親戚の家にあいさつにいかなければならない。

今回八月十日の風船行動に際しては、前回の米軍の対応(防衛局や沖縄の警察を動かしたこと)やネットなどでのバッシングなどを考え、かえって堂々とやろうと、前もって通告することにした。そこで沖縄県庁の記者クラブで記者会見し、他の県民へも参加を呼びかけ、声明文を発表した。星条旗新聞にも二回ファックスし、声明文も送った。結局、彼らは取材に来なかったけれど。

声明文の米軍と日本人（日本「本土」の国民）宛の部分は以下の通りだ。

「《米軍関係者のみなさんへ》

風船を揚げる行動は、あなた方を危険に陥れるためにするものではありません。逆にわたしたち沖縄県民にとって、あなた方のほうが危険です。わたしたちは自分たちの島であなた方によって、暮らしや命が脅かされ、屈辱を受けています。このことは、沖縄島の約二〇%もの土地を基地として占領しているあなた方には実はよくわかっているでしょう。沖縄県民はこのことを決して許してはいません。『土地を返せ』『わたしたちの人権を侵害するな。尊重せよ』とわたしたちはずっと粘り強く、さまざまな行動で訴えてきました。あなた方が基地として占領している土地もすべて、琉球・沖縄人の祖先が暮らしを営んできた大切なところです。すぐに返しなさい。『日本の国内問題』として責任逃れをせずに、あなたがたのいう『民主主義』『人権の尊重』が口先だけではないことを証明してください。

もし普天間基地の土地をわたしたちに返還するために移設が必要というなら、沖縄県内の辺野古や嘉手納でなく、またグアムでもなく、日本本土へ移しなさい。なぜなら、日本人（日本本土人）こそが、自分たちの土地を米軍に提供する日米安保条約を締結しておきながら、その義務をほとんど履行せず、勝手に沖縄の土地を差しだしてきたからです。

繰り返しますが、あなた方を危険にさらすために、わたしたちは風船を揚げるわけではありりません。しかし、それでもあなた方が危険だと思うなら、どうぞ、ヘリなどの軍用機を飛ばさないでください。」

「《日本人のみなさんへ》

わたしたちが日本人のみなさんへ求めるのは、沖縄でいっしょに風船を揚げたりすることやカンパなどではありません。一日も早く沖縄から基地を引き取ることです。

戦後の歴史だけみても、日本人は、一九五二年対日講和条約（サンフランシスコ平和条約）で沖縄をアメリカに統治させることによって自らの独立を手に入れ、そのアメリカ統治下の沖縄に日本本土の基地も移設・集中させることによって、基地被害から圧倒的に免れてきました。さらに、沖縄の基地を一九七二年の『沖縄の日本復帰』で『安保条約下の日本の基地』と言い換えることによって、『基地のない平和な日本本土』を築いてきました。

沖縄のわたしたちは『基地を押しつけられた』当事者として、『イクサはならんどー』という言葉を大切にしながら闘い続けてきました。その闘いとは、座り込みや集会、デモなどの活動だけを指すのではなく、戦後から現在にいたる暮らしそのものがそうなのです。

みなさんは『沖縄に基地を押しつけてきた』当事者です。そのことを自覚し、『押しつけてきた基地を沖縄から引き取ろう』とまわりに呼びかけてください。基地反対運動まで沖縄に依存しないで、まず、一人からでも責任を担う行動を始めてください。そうすることによってはじめて、沖縄に依存しない自立した社会や歴史をつくる一歩を、日本人は歩むことができるでしょう。」

今回特筆すべきは、前回も協力してくれた普天間爆音訴訟団の有志や一般市民の参加者の他、県内移設先とされてきた名護市東海岸・二見以北十区の住民で構成する「ヘリ基地いらない二見以北十区の会」が共に行動してくれたことだ。これまでは私たちが県内移設を止めようと名護に行っていたが、今度は普天間基地をなくそうと宜野湾に来てくれることになった。彼女・彼らは準備の話し合いや記者会見にも参加し、「普天間の空・大地を取り戻す行動に名護市民として参加します」と題した声明も発表した。

八月十日当日、警察は遠巻きに見ているだけで、宜野湾市公園課の人が私たちに、威圧的に執拗に「危ないからやめてください」と繰り返した。彼らに相当な圧力がかけられているのだろう。しかし、凧揚げと同じようにたかだか二〇から四〇メートルぐらいの高さに風船を揚げただけで、危険だと騒がれる空とは何だろう。頭上の低空飛行で、さんざん私たちを恐怖にさらし、実際墜落してくることもある危険な存在とはいったいどちら?

米軍機は午前中ほとんど飛ばなかった。午後からはルートを変えて飛び出した。前日はいつもよりも飛行が多く騒音が倍増していた。その日できなくなることを見越して、訓練を前倒ししてやったのかもしれない。

基地の中では高台にテントが張られ、その下には部下に囲まれて偉そうな米軍人が双眼鏡をもって椅子に座り、私たちの様子をうかがっていた。

風船は普天間基地周辺一〇か所で揚げた。朝、記念写真を撮ろうと嘉数高台公園に集まったとき、下のほうで、米軍も五〇人ぐらい集まっていた。そこは沖縄戦のとき、日米の激しい攻防戦が繰り広げられ、多くの住民も巻き添えになったところなので、米軍はおそらく新人研修として戦史を学ぶため来ていたのだろう。そのことに気づいた、沖縄国際大学のイギリス人の准教授が米軍の前に躍り出て、私たちが準備した英語の声明文を読み上げ始めた。私たち五、六人も後ろのほうから、米軍の集団を取り囲み、彼らの頭上に風船を揚げた。

米軍は落胆したように公園から退出し始めた。一人の米兵が

「俺たちは日本人のために働いているんだぜ」

とつぶやいたので、私もとっさに

「私たちは日本人じゃない。沖縄人だ」

「ここは沖縄だ」

と英語で叫んだ。すると、他の仲間も

「沖縄は私たちのものだ」

「お母さんのところに帰りなさい」

「あなたたちはヒーローじゃない。私達にとっては侵略者だ」

「あなたたちは歓迎されていない」

「サヨナラ」

など口々に英語で言いだした。米兵たちはこれらの言葉を投げかけられながら、肩を落として公園を出ていった。その後ろ姿を見たことは、小さいけれど、私たちにとって重要な成功体験だった。私たちはこんなふうに米軍を沖縄から追い出すことができる、という具体的イメージと手ごたえをもつことができた。そして、だからこそ、遠くにいて、沖縄に基地を置いておきたい日本政府とそれを支える「本土」の国民という「日本人問題」が障害になっていることがより鮮明に見えてきた。

その教授とは、その四日前DUO（「占領下における対話」）という国際学会でいっしょだった。私たちもそこでこれまでの実践と私たちの考え方を発表し、最後に、

「沖縄の事情について知識が増えたと終わるのではなく、みなさんが帰ってから何をするかが問題なんです」

と参加者に訴えた。そのことに「その通り」と応えてくれたのが、主催者側のその人だったのだ。なので、彼が嘉数高台公園でしたことも、あの会議でのこととつながっていた。そこに、人や思いやいろいろなことが有機的につながっていくことの面白さ、充実感を感じた。

午後三時ごろに風船を降ろし、午後四時からは普天間基地第三ゲート前で集会をもった。そこでは私たちの主張を英語で表わす横断幕、プラカードをそれぞれ持って立った。そして、マイク

を通して英語で声明文を読み上げた。帰宅途中の米兵や憲兵、軍警察、などが神妙な表情で聞いていた。米兵の目を見ながら、英語のボードを見せると、まじめな表情で礼儀正しく私たちにお辞儀する米兵が多かった。米兵が東洋式に礼をするなんて、通常はありえない。沖縄人と米兵との関係が変わり始めているのを感じた。

沖縄人の心の奥底には沖縄戦での殺戮、その後の占領を通して、米兵に対する恐怖が植え付けられている。いくら、仕事を離れれば田舎出身の気さくなアメリカの若い男の子、という面をもっていると知っていても、現在でも殺人マシーンとしてイラクやアフガニスタンに送られ、沖縄では女性への暴行事件を繰り返してきた、ステロイドでつくられた筋肉ムキムキの肉体を目にすると、緊張する。

だから、私たちの間でも英語で米兵に直接働きかけようという話が出ても、初めはなかなかできなかった。しかし、英語のビラを書いて手渡したり、シンプルな短い英語で自分の気持ちを表現しているうちに、できるようになってきた。そして、自分の手で風船を空に揚げることで、「普天間基地の空」だと思っていたものが「私たちの空」だと、そのもとに広がるのも「私たちの土地」なのだという実感が強くなってきた。これまで、私たちが生まれる前から占領者として、私たちより強い存在としてあった米兵に対して、「ここは本来あなたたちの居場所じゃない」と言えるようになってきた。私たちの変化が米兵にも伝わったように、彼らの私たちへの接し方も変わってきた。

今回のもう一つの特徴は、前回ひどかったバッシングがなかったことだ。連絡先として電話番号も公表してあったのに、嫌がらせの電話もなかった。

三日後に「風船揚げ抗議　勇敢さに感謝」という宜野湾市に住む二〇歳の大学生の投書が新聞に載った。

（沖縄からの報告22・二〇一一年十二月号）

世界のウチナーンチュ大会

今年（二〇一一年）十月十二日から十六日、沖縄では「世界のウチナーンチュ大会」が開かれた。これは五年に一度県が主催するもので、一九九〇年に始まって今年は五回目だ。県いわく、「日本有数の移民県である沖縄では、戦前戦後を通じて、多くの県民が海外へ雄飛し、現在、北米・南米をはじめ、世界各地に約四〇万人の県系人が存在しています。その『世界のウチナーンチュ』が、五年に一度沖縄母県に集う、沖縄ならではの感動イベントが『世界のウチナーンチュ大会』です」。

今回は、これまでで最高規模、二三ヵ国二地域から約五〇〇〇人がやってきた。

県主催のイベントは、大きなスタジアムでの開会式・閉会式はもちろん、前夜祭、琉舞、空手・古武道、エイサー、民謡、ゲートボールなどを参加者と県内参加者がともに行なう大会、ウチナーンチュのアイデンティティ継承のための移民・県系人資料展示やシンポジウム、映像放映など。なぜか、日本人(ヤマトンチュ)歌手宮沢和史が総合演出をする「ニッポニア」という音楽のイベントもあったが……。併行して、沖縄内の各出身地でのイベント、たとえば、「世界のウラシーンチュ歓迎会」(浦添市)「世界のイージマンチュ交流会」(伊江村)などもあった。

近現代の沖縄人にとって、土着から引き剝がされ外に引っ張られる力は強く(サツマ侵略以来の収奪による貧困や、軍事基地下で土地を奪われたため、生活の糧を外に求めたり、同化エリート教育によって主に日米へ頭脳流出したり)、誰であっても「世界のウチナーンチュ」になりうる可能性がある。現在の沖縄にも移民、出稼ぎから帰ってきた人がいるし、これから行くことになるかもしれない人がいる。その誘引力が働いているからこそ、逆に、土着志向も強いのかもしれない。

そして、移民と子孫が、世界じゅうから故郷に帰って来て一堂に会し、地元民とともに公的行事をもつ、ということは人の移動が盛んな現代世界でも、沖縄だけかもしれない。

ということで、このような沖縄をまるごと感じようと、私は、子どもたちを連れて那覇の国際通りまで、前夜祭パレードを見に行った。

国際通りは、戦後復興の象徴「奇跡の一マイル」と呼ばれた繁華街である。私もこの街で遊んで大きくなった。高校生の頃は学校での試験が終わると、友達と繰り出し、映画を見て、ピザ屋に行って、食べ放題で食べまくったりしたものだ。高校を卒業した夜は、記念にクラス全員でディスコに行った。東京の大学に進学したあとは、休みで帰省したとき、国際通りを行ったり来たり歩いていれば、同じことをしている友達に必ず会える。そんな街だった。しかし、この一〇年から二〇年で表通りは完璧に観光土産品店と居酒屋という観光客用の街になり、観光客に占拠されたというか、譲り渡したというか、追い出されたというか、そこで働く以外、地元民の用事がもうほとんどない場所になってしまった。旧友にももう会えない。

そういうわけで、私も長い間行っていなかった。

そこへ、ウチナーンチュ大会のパレードを見に、久しぶりに、やって来たのだ。なんと、国際通りの端から端まで、ウチナーンチュとその関係者で埋め尽くされている。「帰ってきた」約五〇〇〇人と、沿道で出迎えに来た人も同数だとすれば、合計一万人。中央をパレードするのも沿道の人もウチナーンチュ。次から次へとウチナーンチュ。ウチナーンチュが湧いてくる。おお、こんなにいたのか、ウチナーンチュ！　久々に国際通りが私たちの居場所に戻った。

パレードは、まず、ガールスカウトが参加者の在住地の国名を書いたプラカードを掲げて歩く。その後ろを参加者が行進する。お揃いのかりゆしウェアだったり、Tシャツだったり。各国をイメージするような恰好、衣装。アメリカでは、各州単位で沖縄県人会があった。ハワイの県人会は一大勢力だ。同時に、自分の出身地、ルーツの土地の名（例えば、Nishihara, Yakena, Itoman, など）も旗にして掲げていた。ブラジルも大国だった。リオのカーニバルさながら、華やかな衣装で踊る女性もいた。

　私は沿道から
「お帰りなさ〜い」

といって、手を振っていた。「めんそーれー」は「いらっしゃい」だから、微妙にちがう。「ゆーけーてぃめんそーれー」は「よくお帰りくださいました」で、気持ちはその通りだけれど、ちょっと長くていいにくい。よって、不本意ながら、一呼吸で言える日本語の「お帰りなさい」になったのだ。その後新聞で読んで知ったのだが、仲井眞知事が開会式の挨拶のときに使った、「めんそーちー」が適当だった。「いらっしゃい」も「お帰りなさい」も一緒になった言葉だ（琉球語知ってたのか。あるいは、誰が原稿書いたのか）。思い出せなかった自分がくやしい……。

　出迎えの沿道では一番前に子どもたちが出て、その後ろに大人が立った。世界のウチナーンチュたちは、その子どもに向かって、

「はいさい」

「あんたたちかわいーねー」

「かわいーねー」

と次から次へと、子どもたちと握手したり、頭をなでたり、各国のおみやげの小さなマスコット人形、旗、シール、お菓子をあげていた。

　私はちょっと嫉妬した。私とも握手してほしかったし、おみやげがほしかった。確かに子ども

は「沖縄の未来」だから、関心がいくのは当然かもしれないが、私だってかつての子ども。かつての「沖縄の未来」の一人なんだから、私にも応えて欲しいと、手を振り続け、差し延ばし続け、声をかけ続けた。けっこう応えてくれる人はいた。「はいさい」「ありがとう」「ただいま」と握手した。

私の前にいた小学五年の息子とその友達は少年野球児だ。息子のほうは長髪の色白で、もう一人は丸刈りの日焼けで、彼は甲子園選手を出すこともある名門チームに入っている。すると、いきなり、パレードのなかの兵庫沖縄県人会の女性が、その日焼けした野球小僧の両肩をぐっとつかんで、

「甲子園必ずおいでよ。待っているからね。応援するからね」

といった。その子は

「なんでわかったんだろう？　確かに俺、甲子園行きたい」

「オーラ出てるんじゃない」

「だったら、本当に行けるかも」

と感激した。

また、ブラジルかフィリピンの団体で歩いていた女性の参加者はキャンディーやシールを沿道の子どもたちに渡していた。子どもたちは歓声をあげて彼女の周辺に集まる。ちょうだい、ちょうだい、と手を出す。あげるのがなくなると、彼女は、子どもたちを抱きしめながら歩き始め

た。そうして、私たちのところに来ると、その色黒の野球少年をハッグして、ブチューと頬にキスをした。一〇歳のベースボールキッドは放心状態で後ろを振り返り、自分の母親に向かって、

「チューされちゃった」

といった。そのお母さんもびっくりしたまま
「チューされちゃった」と答え、隣にいたお母さんのお母さん、すなわちおばあさんも
「チューされちゃった」といった。

次はどの国？　どの国？　と沿道の私たちは身を乗り出して見る。知っている人がいないかと、食い入るように参加者を見つめる人も多い。次はどこ？　アルゼンチンだって、ボリビアだって、ペルーだって。カナダだ、タイだ、ニューカレドニアだ、キューバだ。パレードを歩いている参加者には国の名前を誇らしく叫ぶ人もいる。ブラジル！　ブラジル！　と。

さあ、次はどの国から帰ってきた？　と大きくのぞきこむ私たちの前に一つの国名が現われた。JAPANだ。

一瞬、

「えー、冗談でしょう」

と沿道がざわつく。それから、シーンと静かになった。そして、お〜〜〜という歓声があがり、拍手が起こった。

それを感じ取ったのは私だけではないと思うが、その歓声と拍手は、JAPANに「自分の国」

として、向けているものではなかった。「JAPANもウチナーンチュが住む『国』の一つ」であり、どちらかというとウチナーンチュの多いブラジル、ペルー、アルゼンチンと同列の「(外)国」。その意味でJAPANから帰ってきたウチナーンチュへの歓迎だった。

この次から次へと、次の国は何？と楽しみに見る、という感覚は私には初めてで、おもしろかった。つまり、この国々、そして、地域、全部、わったーウチナーンチュのいるところ、私たちの場所、という感覚なのだ。これが「近代国民国家を超える」ということなのだろうか。しかし、「超える」というと超越する、上に伸びるイメージだが、これは、自分の内側に深く広く入っていって無になるような感じなのである。「自分の内側に国家がたくさんある」というような……。しかし、「自分の内側に国家がある」となると、「国家の論理を内在化し支配されている」という意味になるのが多くの場合だろうが、それともちょっとちがうような……（いやいや、やはり支配されているのかもしれない、自分では気がつかないだけで……いやでもしかし、なんかちがうような……）。

このイメージに、喩えが古いのだが、いまのところ一番ぴったりするのが、コンピュータ化される前の図書館で、本を探すときにインデックスカードをめくっている様子だ。Aのところにはこれこれがある、と手を動かし、次にBにはこれこれがある、と見ていく。そのように国家が複数あって、人は沖縄から発して、何かの縁、あるきっかけで特定の国家で暮らす。それぞれの国家の中での制度は若干異なるだろうが、全部がウチナーンチュの暮らす国家なのだ、という感じ。そして、国家のカードは取り替え可能。絶対性はない。

いろいろな国があり、今度はどの国？　と楽しむ、というと、オリンピックと似ているかもしれない。ちがう点は、オリンピックでは「でもやっぱり、一番は自分の国」という「信念」があることかもしれない。競技の場でもある以上、どの国に勝ってほしいか、という勝敗優劣の問題がつきまといがちだ。

しかし、「世界のウチナーンチュ大会」で感じたのは、どこでも私たちウチナーンチュが暮らすところなのだから、互いの競争、優劣はない、という平たく開かれてつながっている感じであった。「沖縄県」という現地であっても、軍事基地化観光地化移住地化された沖縄から浮かび上がって、世界のウチナーンチュとして他のウチナーンチュと横につながっているというイメージでもある。これが「想像の共同体」ってものなんだろうか。

もしかしたら、この平たい関係とは沖縄がいま独立主権国家ではないから、できているのかもしれない。そうなったら、ちょっと変わるかもしれない。

パレードの最後は大粒の雨に見舞われた。雨が止むと、参加者は国際通りの観光土産屋の前の歩道を歩きだした。いつもなら観光客を呼び込む仕事は日本人の旅人が流れ着いたようなアルバイトがやっている。しかし、この時はなかから、沖縄ネイティヴの従業員が表に出てきていた。そして、

「ご出身はどちらですか。あ？　中城《なかぐすく》？　私もそうですよ」

という会話をしているのを見た。観光産業においてもいつもの様子ではなくなっていた。

しかし、これは前夜祭の興奮のなかで行なった、かなり美化された考察だろう。もっと近寄ってよく見てみると、いろいろな問題があるだろう。世界のウチナーンチュ同士の格差の問題、各国ナショナリズムへの同化の問題、現地の先住民族との関係、「ウチナーンチュ」というが、沖縄島以外の島の人はどうなるかの問題、などなど。

興味深いのが、この大会と被るように、十一日から二十日の間に日本の東京から、川端沖縄担当相、玄葉外相ら日本政府の四人の閣僚と民主党幹部が「基地の辺野古移設」を言いに来沖していることだ。沖縄側が忙しい時に訪問するのはただの鈍感なのか、沖縄の「想像の共同体」強化を妨害するためなのか。

県知事はじめ県幹部、関係市町村幹部、経済界は、世界のウチナーンチュと会う日程の合間に彼らに会っている。「世界のウチナーンチュ大会」では、「ウチナーンチュとしてのアイデンティティ」「沖縄の文化と言葉を守ろう」「先人のチムグクル（相手の痛みを自分の痛みと感じ、思いやる心）を受け継ごう」と盛んにいわれた。たとえ、政治的に落としどころを探る企てに沖縄県側も加担しているにしても、この東京から基地を押しつけに来た人びとを「アイデンティティもちがう、ウチナーグチもチムグクルも通じない」と、身体感覚として強烈に意識したのではないだろうか。

「世界のウチナーンチュ大会」終了の翌日、県職員が達成感、充実感を味わい、休息を取る余裕も与えず、玄葉外相は県庁を訪れ、知事と会った。そして、大会が県外で知られていないので「認知度向上のため政府として協力したい」と申し出た。日本に認められることに価値があると思っている発言だ。知事は断った。

「あれは自分たちの力でやろうということで」

與儀秀武

流通しない紙幣

（沖縄からの報告14・二〇一一年四月号）

1

アナーキストの社会変革において、貨幣改革が重要な意味をもっていたことに関心をもつなかで、二〇〇〇年に発行された新紙幣「二千円札」の存在について漠然と考えるようになった。ミレニアム（千年紀）に当たる二〇〇〇年に開催された九州・沖縄サミットを記念して、主要開催地である沖縄を代表する歴史的建造物「守礼門」を図柄にあしらった「二千円札」は、「日本で流通する紙幣の主流になるのではないか」（日銀発券局）との当初の期待とは対照的に、発行から十一年を経た現在でも全国的に流通が滞ったままになっている。同紙幣については、消費者にとって利便性が低い、使い勝手が悪いなどの要因から、使用頻度が低調であることがしばしば説明されている。だが、流通が滞った国民通貨という例外的特徴に着目することで、既存の社会認識を相対化するようななんらかの示唆的論点を得ることができないだろうか。本稿では、流通しない紙幣「二千円札」の意味を読み解きながら、近代国民国家の枠組みとは異なった社会認識について検討する。

2

二〇〇〇年七月十九日、日本銀行は当時としては四十二年ぶりの新紙幣である「二千円札」を発行した。「二千円札」は、一万円札、五千円札、千円札に続き四種類目の紙幣の発行となり、新額面の紙幣が発行されるのは一九五八年に出された聖徳太子の肖像入りの一万円札以来の出来事だった。新札の表面はサミット開催地の沖縄を代表する歴史的建造物の「守礼門」を、裏面は「源氏物語」の絵巻物のイメージをあしらった図柄。発行に際しては、関係者間から「新札は高額紙幣ではないため、発行に伴うインフレ発生の懸念がない」「米国の二十ドル札などは流通量が多く海外では一般的である」などの説明がなされたが、一般的にはミレニアム（千年紀）に当たる二〇〇〇年に開催される九州・沖縄サミットを記念し、小渕恵三首相（当時）が米軍普天間飛行場の辺野古移設も含めた沖縄への「配慮」と、政治的アピールを込めた意外性のある施策と受け止められた。

しかし鳴り物入りで導入された新紙幣は、使用頻度がなかなか高まらないことで次第に話題を集めるようになる。導入から三ヶ月経った沖縄では、すでに次のような状況が地元紙によって取りざたされている。

新二千円札の発行から三カ月目に入ったが、全国的に流通が滞っている。県内事情も変わらない。一人当たりの流通枚数を見る限り、沖縄は全国平均と比べると一・八倍余と高いが、街中でなかなかお目にかかれないのが現状。銀行マンでさえ「流通しているんですかね」と苦笑いする。金融機関の現金自動預払機（ＡＴＭ）や自動販売機の対応の遅れ、記念紙幣との勘違い、不慣れ――など複合的要因が響いているとみられている。一方、日本銀行那覇支店は「ゆかりの図柄。沖縄のＰＲのためにも使ってほしい」と県民に積極的な利用を呼び掛けている。

（「沖縄タイムス」二〇〇〇年九月二十二日夕刊社会面）

流通が滞ったままの「二千円札」について、前記の記事に続き「沖縄タイムス」二〇〇〇年十月十日朝刊経商面では、「県内での二千円札の発行高は、九月末現在二百二十五万六千枚（四十五億一千二百万円）で、県民一人当たり一・八枚流通している」と日銀那覇支店のまとめを報じながら、同支店が、発行、流通量が伸び悩んでいる背景として、①記念紙幣との誤解や支払い計算などの不慣れ、②金融機関のＡＴＭ（現金自動預払機）や両替機対応など、供給側の未整備、③自販機やバスなど需要側の対応遅れ、といった要因を挙げていることを明らかにしている。

そして前記のような現状は、発行から現在に至るまでほとんど変わっていない。共同通信は、二〇一〇年に「二千円札」発行から十年を経た状況について、以下のように伝えている。

西暦二〇〇〇年と沖縄サミットを記念して二千円札が発行されてから今月で丸一〇年。流通枚数は約一億一千万枚（五月末）で全紙幣の一％ほどというが、最近はすっかりお見かけしない。既に新札の発行はストップ。大量の紙幣が流通もせずに、日銀の金庫に〝在庫〟として眠っているようだ。

国立印刷局によると、二〇〇〇年度に七億七千万枚、〇三年度に一億一千万枚と計八億八千万枚の二千円札を日銀に納入。しかし、その後は製造されていない。

日銀によると、二千円札の流通は、〇四年八月に約五億一千万枚でピーク。この時は五千円札より多かったというが、その後は激減し、〇六年五月以降は一億円台で推移している。

一部は古くなって裁断処分されたが、大量の紙幣が日銀の金庫に積まれたままのようだ。発券当局の担当者は「日本人は二のつくお札になじみがなかった。慣れ親しむ前に、使い勝手が悪いというイメージが広がってしまった」と分析。「映画館やタクシーでの支払いなど意外に便利な場面はあるのだが……」と話す。

多くの銀行の現金自動預払機で出金用には使われず、担当者は「要望に応じ窓口で出すように用意しているが、希望者はほとんどいない」という。　（二〇一〇年七月二日共同通信配信記事）

3

「二千円札」は今日に至るまで、主に通貨当局や沖縄の経済関係者らから、「沖縄のPRのため」として、積極的利用の呼びかけがなされているが、全国的に使用頻度が極端に落ち込んだままになっており、一般的にそれはネガティブな事態であるとみなされている。しかし、本稿が意図するのは、「二千円札」を、既存の紙幣と同様、同等に調和的に流通させるための方策のあれこれを提言することではない。むしろここで考えたいと思うのは、「二千円札」が他の紙幣と異なり、流通していないという例外的な特徴に着目することで得られる、オルタナティブな社会認識に着目することである。

ここで検討したいのは、「二千円札」が、日本銀行が発行する銀行券として、「一万円札」「五千円札」「千円札」と同様に、国家によって法（日本銀行法）的に強制通用力を与えられた法定通貨であるにもかかわらず、実際社会の経済的交換行為においては、受け取りを拒否され、流通が滞っているという点である。

金との兌換性が担保されずに流通している現在の貨幣（不換紙幣）の場合、ある貨幣を実際に使用しようとするさいに、他人がそれを貨幣として受け取ろうとしなければ（つまり、持っていても使うことができなければ）その価値はないも同然である。その貨幣を、人々が支払いの手段として使用できると信じられる性質のことを「一般受容性」というが、「二千円札」の場合、他の紙幣と異なり、貨幣を貨幣として流通させる社会的素地＝一般受容性が著しく低いのである。

これは考えようによっては、非常に奇妙な事態である。現在流通している不換紙幣はすべて、国家が法律によって強制的な通用力を与えることによって流通の根拠づけがなされているはずである。そして実際、「一万円札」「五千円札」「千円札」は、高い一般的受容性に支えられることによって、滞りなく安定的に支払い手段としての役割を果たし、〈国家の根拠づけ＝社会的流通〉という関係が調和的に成り立っている。

しかし「二千円札」はそうではない。「二千円札」は、国家が法律によって強制通用力を与えているにもかかわらず、一般的受容性の低さによって社会的に支払い手段として敬遠され、著しく流通が滞っている。ここで注目される点は、「二千円札」の流通過程においては、〈国家の根拠づけ　社会的流通〉という断絶こそがあらわになっており、国家と社会の同一性《アイデンティティ》の間に横たわっている亀裂をこそ垣間見ることができるという特徴である。

ここで興味深いと思うのは、通常は自動化され、とりたてて意識されることもない調和的、安定的な国民通貨の流通に対して、流通しない紙幣である「二千円札」の存在が、国家と社会の位相の違いを浮き彫りにしている、ということである。そしてその事実は、国民通貨が、国家によって法的に強制通用力を与えられた法貨という根拠をもつにもかかわらず、その強制的な通用力をもってしても、それを受容する流通過程においては、その強制力を拒否する社会の潜在力の方が勝ることを示唆している。

4

二千円札の発行をめぐっては、主にマスメディアなどで「米軍普天間飛行場の辺野古移設も含めた沖縄への『配慮』」あるいは「政治的アピールを込めた意外性のある施策」といった受け止め方がなされた。だが、そのような一般的な反応に対して、「守礼門」と「源氏物語」が表裏にあしらわれた図柄が国民通貨として発行されることの意味をより積極的なものとして把握し、「配慮」や「政治的アピール」といった消極的意味でなく、「二千円札」の発行によって、日本という国民国家による沖縄の「統合」が完結すると批判的に喝破したのは、一九六〇〜七〇年代にかけて「反復帰論」を主張した沖縄のジャーナリスト、新川明氏だった。

本質的な意味は、一八七九年の琉球併合（「琉球処分」）にはじまり、一九七二年の再併合（「日本復帰」）を経て今日に至る沖縄統合の歴史過程において、その「完結」を誇示せんとする国家意思の発現に求めることこそがもっとも正しい歴史的解釈であろう。

したがって私は、今回の新札発行という出来事は、前記「琉球処分」「日本復帰」と並ぶ沖縄近現代史に一つの画期を刻む歴史的事件として位置づけるべきだと考えるのである。内外共に強固に存在する人びとの意識（関係認識）に対して修正を促し、国家的、国民的同一性を誇示し宣言することを企図した政治的行為であると考えざるを得ないからである。

（『沖縄・統合と反逆』筑摩書房）

新川氏の的確な指摘を説得的に受け止めながらも、本稿でのここまでの「二千円札」に関する考察を踏まえて指摘したいのは、表象文化的な視点から日本と沖縄との「統合」を見る視点とは異なり、交換関係に注目した場合、流通しない紙幣である「二千円札」の存在のなかに、『逆転反攻』」の契機」（新川氏）を読み込むことも不可能ではないということである。個人的な関心に引きつけて言えば、流通しない紙幣の存在を敷衍することで可能となる契機とは、「反復帰論」（新川氏）や「琉球共和社会憲法」（川満信一氏）といった、沖縄の社会的な文脈から生まれた既存の近代国民国家とは異なる社会認識であるし、それはまたマルクスやプルードン、シルビオ・ゲゼルといった理論家の社会改革、貨幣改革のアイデアにもつながるだろう。

流通しない貨幣である「二千円札」は、国民通貨の調和的な流通＝消費に対する批判的含意をもっている。そしてその存在は、単に国民通貨に対する否定的意味をもつのみでなく、自由で平等な倫理的交換関係に開かれるべき、より積極的な社会的意味をも含んでいるように思われる。

国家に対する信頼によってしか成り立たないと思われている経済交換の自明性を疑い、既存の近代国民国家の枠組みとは異なる社会の潜勢力を鍛えることで、オルタナティブな社会関係への可能性を開くこと。「二千円札」の存在は、その重要な契機をわたしたちに示唆している。

共同体の可能性

（沖縄からの報告17・二〇一一年七月号）

1

沖縄から近代国民国家とは異なる社会認識を考えようとするさい、各論者によって繰り返されてきた課題に「共同体」をどう考え評価するか、というテーマがある。日米両政府は、軍事基地のこれ以上の過重負担に反対する大部分の沖縄県民の意志を無視しながら、普天間飛行場の名護市辺野古沖（県内移設）の方針を堅持している。沖縄の基地負担によって日本の安全保障が担保されているということの理不尽さが国内で是認され顧みられない現状で、沖縄の内部には、沖縄が日本という国家の内部に位置づけられている現状では、沖縄の民意は聞き置かれ、抑圧的な現状が解消されることがないのではないかという諦めが充満しており、同時にそのような現状において、近代国民国家のあり方そのものを批判的に問い直そうとする機運が高まっているように思える。

このようななかで、今日の沖縄において、とりわけ「共同体」という概念が、国家や資本に向き合う対抗的な価値としてしばしば持ち出される。この論考では、国家や資本の暴力が沖縄を抑圧する現状で、はたして「共同体」がどのような可能性をもつかを検討しながら、新しいオルタナティブな社会像について考える。

2

一般に近代化とは、ある社会が政治や経済などの領域において、それ以前の封建的な価値観に代わって、合理的で効率的なシステムに変化し、法や統治機構が整備された国家（の一部）となり、産業化に伴う高度な生産関係や市場経済が構築される過程を意味している。そしてその変化のなかで、村落や家父長制的な基盤をもった共同体は、近代化の波を被って次第に衰退し、消滅していくものだと考えられている。このような社会の発展段階的な考え方において、共同体はリニアな時間の進行のなかで、近代に至るひとつのプロセスとして単に乗り越えられていく存在である。

しかし、先進的な価値をもった近代に対し、共同体を遅れたものだとみなす考え方は、今日においては説得力を欠いている。例えば東西冷戦が終わり、社会主義陣営が崩壊したあと、資本主義陣営の勝利をナイーヴに謳歌する立場（フランシス・フクヤマ『歴史の終わり』）があった。しかし、一九九〇年以降に私たちが目にした事態は、新自由主義の趨勢に伴い、資本のグローバルな拡大によってその暴力性が顕在化し、著しい経済格差やそれに伴う利害や対立関係などに翻弄される多くの人々の姿だった。共産圏という対抗軸がなくなったことで、むき出しの資本や国家の暴力性が支配的となった世界に、今日の私たちは生きている。そしてそのなかで、沖縄の過重な基地負担の解決は、国家（日本の安全保障のために沖縄の基地負担は必要だとする見解）や資本（基地交付金や各振興政策などをめぐる利権）の強制力とどのように対峙するかという問題として生じている。

このような現状で、共同体の価値は新たな可能性を帯びたものとして浮上してくるように思える。たとえば、人類学者のピエール・クラストルは著書『国家に抗する社会』のなかで、ある種の未開社会が近代化や国家化によって消滅するのではなく、逆に近代化や国家化による干渉を拒否することで自らの互酬的社会関係を成り立たせていることを説明している。南米の先住民族に関する分析から得られた、共同体内の権力を強大化させることのない権威なき首長制、〈一なるもの〉への拒否という思想、国家の出現を阻止するような社会関係は、資本や国家を批判的に吟味するうえで、今日的にも示唆に富んでいる。

一般的に共同体は、内閉的、閉鎖的なものであり、平準化された全体のなかで個人の自由や権利が抑圧されるようなネガティヴな社会として、否定的な側面が強調される。しかし、クラストルが指摘するような共同体のあり方に着目するとき、その特徴は両義的な意味をもっていることに気づかされる。共同体がもつ、外部からの影響力に翻弄されないような、ある種の強固な自律的メカニズムは、ときに否定的な側面と見なされがちな共同体の閉鎖的・内向的な不自由さと表裏一体のものである。

ここで注目したいのは、共同体が、絶えず自己増殖を繰り返していく資本や、他国家との対立関係のなかで自らを存続させ国民を「保護」する国家のあり方とは違った位相の社会的な存在基盤や交換関係をもっているということである。資本や国家の暴力が沖縄社会の自立性を脅かし続けている現状を踏まえたとき、共同体がもっているこのような独特の存立の形から、ある種の新たな社会認識の空間（フィールド）が切り開かれる契機を垣間見ることは、決して不可能なことではない。

3

前記の考えを踏まえたうえで参照したいのは、詩人で批評家の川満信一氏が共同体について述べた指摘である。批評家・仲里効氏の比喩を借りれば、沖縄の日本への施政権返還前後に反復帰、自立の思想を論じた岡本恵徳氏、ジャーナリストの新川明氏とともに、川満氏は時代のアンカーマンとして「悪のトライアングル」の一角をなした人物である。私見では、「沖縄」の自明性を常に問いながら社会運動にコミットした岡本氏、国家を徹底して否定しながら状況的発言をした新川氏に対して、川満氏はアナーキーな社会性をよりポジティヴに捉えようとする思想的立場に立っている。

川満氏は二〇〇九年六月に沖縄県立博物館・美術館で行なわれた、詩人で活動家の谷川雁についてのシンポジウムでパネリストを務め、同年に発刊された二巻本『谷川雁セレクション』（岩崎稔・米谷匡史編、日本経済評論社）に収録された各文章を読み解きながら発表を行なった。同発表はのちに、川満氏の個人誌「川満信一個人誌　カオスの貌」（七号　特集・多言語の手習い）の中に「書評Ⅱ　夢の屑ひろい『谷川雁セレクション』」として採録されており、今日の沖縄の共同体をいかに捉えるかを考えるうえでも示唆に富む（以下の引用は、「カオスの貌」七号に拠る）。

川満氏は自身の個人史的な経験を踏まえたうえで、青年期の自身のスタンスを、スターリン主義やボルシェヴィキ、アナーキズム、サンジカリズム、ナロードニキなどの各立場の「凄惨な思想闘争の歴史過程も知らず」「労組の周辺をぐるぐる廻っていた」と自嘲気味に述懐する。そのうえで「近代を支えた石炭から、石油エネルギーへと大転換する時代の、大津波を被ったような大正・筑豊炭坑で、溺れる犬を打ち叩き、瀕死の魂に呼びかける工作者の、非情なまでの思想に、悪寒せずにはおれませんでした」と谷川雁の思想的立場に共感を示したうえで、雁が共産党員として除名・脱退を体験し、「サークル村」「ラボ教育運動」「十代の会」「沖縄」へと関心を移していった、工作者としての足跡を追いかけていく。そして、「雁の原点下降の思想は、いま振り返れば、レーニンのボルシェヴィキによって葬られた、バクーニンやクロポトキンの夢と幾分に重なりあっている」と指摘したうえで、次のように言う。

雁自身は明言していませんが、彼の思想的実験は、歴史の地層へ埋められた、アナルコ・サンジカリズムやナロードニキたちの、共同性を探る未成の夢であったといっていいと思います。ロシアの農村共同体（ミール）を発想の基盤にして、相互扶助のコミューンを構想したクロポトキンの思想へ、もう一度立ち帰り、理念の再構築をはかることを夢見たのが、雁の先取り思想ではなかったか、と見るのです。（同誌一〇四頁）

いまやかすかな灯火は、共同体・協同体のあらたな編制を夢見たナロードニキや、個人の思想の、根源的解放を夢見た、クロポトキンの自然主義アナーキーの思想から、その夢屑を拾い、わたしたちの思想を「相互扶助の社会」再構築に向けて出直すしかないように思います。（同誌一〇六頁）

ここには、資本制の商品交換や、国家の再分配という交換様式に拠らない、共同体の互酬的な相互扶助的社会関係を、コミュニズムとアナーキズムを交差させながら、新たなものとして再構築し、回復しようとする意図がある。一見すると川満氏は、雁の考えに即してこの論点を単に引用しているように見える。しかしその指摘は、ほかならない川満氏自身が沖縄をめぐってこれまで自身の問題として意識し続けていたからこそ、雁の文章から見いだし、明確にし得たポイントである。ここで「共同体」という言葉で指し示されている概念は、既に「旧来の共同体に先祖帰りするべきだ」というような意味ではない。川満氏によってここで読み換えられ、投企されているのは、既存の共同体への回帰とは異なった「旧来の共同体に取って替わるなにものかになる」

という新たな社会の位相の可能性である。

このように考えると、今日の沖縄の状況を踏まえて垣間見える「共同体」という価値は、既存のそれと共振しながらも、同時に従来からある既存の意味としてだけでは捉えられないような、余剰を含んだ可能性である。

4

前述したように、今日の沖縄において、普天間飛行場をめぐる問題を契機として、日本という国家の内部に位置づけられている現状では、沖縄の抑圧的な現状が解消されることはないのではないかという諦念は次第に顕著なものとなり、近代国民国家のあり方そのものを批判的に問い直そうとする機運につながっているように思える。

このような、自分たちが日本という国家の内部に位置づけられていることを疑う、という立場は、日本という国家と沖縄という社会の相違を際立たせながら、国民国家の枠組みには回収されない沖縄の特異性を強調するという視角から、しばしば問題提起がなされる。そのため、その立場は「原理主義」「文化本質主義」という評価を受けることがあり、それはしばしば、沖縄の共同体のさまざまな要素や価値観を無批判に前提とした、排外主義的な危うさをもった主張だとして批判的に言及される。

しかし筆者は、現在の沖縄で、とりわけ国家や資本に対する対抗軸としてもち出されるさいの

「共同体」という価値は、これまで検討してきたように、旧来のそれに先祖返りするスタンスとは異なった、今日の沖縄が置かれたぎりぎりの立場から主張された切実さを孕んでおり、現状を批判的に吟味するさいの貴重な示唆が含まれているものと考えている。

沖縄における国家や資本への批判は、これまでも「共同体的なもの」という形式をとりながら主張されることが頻繁にあり、「共同体」対「国家」、「共同体」対「資本」というように、二項対立的枠組みになることが非常に多かった。それはややもすると、非常に旧態依然としたエキセントリックなものとして映る場合もある。

しかし考え直してみると、琉球処分以降、日本という近代国民国家に包摂されるプロセスのなかで、沖縄における資本や国家に対立する批判的立場は、しばしば「共同体」的な様相を帯びてこれまでも存在し続けてきた。そして振り返ってみれば、それはなにも沖縄だけに限ったものではない。中世の「ギルド」をモデルとした「アート・アンド・クラフト運動」にしても、「新しき村」を志向した白樺派にしても、谷川雁の「サークル村」にしても、ナチス・ドイツに弾圧された「バウハウス」にしても、これまでの資本や国家に対する対抗運動は、共同体の自律的な社会構造を新たなものとしていかに回復するかという問題意識のもとに、さまざまな実践が積み重ねられてきたのだった。

そうであってみれば、資本と国家の暴力性が沖縄社会を脅かし続ける現状で、「共同体」を取るに足らないものとして簡単に退ける立場は、よほど楽天的であると言わざるを得ない。今日の沖縄において、現状に対する批判的立場として「共同体」が出てくる、そのこと自体は、単純に否定も肯定もできないような切実な根拠に根差しているのである。重要なことは、その「共同体」の契機を、「原理主義」「文化本質主義」として簡単に切り捨てることではなく、そこに垣間見えている社会認識を真にラディカルなものとして携え、実践的に捉え直すことである。

（沖縄からの報告19・二〇一一年九月号）

平時のユートピア

1

（二〇一一年）三月十一日に起こった東日本大震災以降、深刻な被害の状況が取りざたされるなか、被災地の復興をめぐる議論は、「復興ナショナリズム」（香山リカ）と表現される状況にあり、所得の一定の再分配機能をもった「国家」の機能不全を強化することによって「被災地の復興」＝「国家の危機」を乗り越えようとする動きが顕著になっている。そしてその文脈において、沖縄の過重な基地負担によって日本の安全保障が担保されているという不平等、不公平な現状は後景化し、逆に、自衛隊の存在意義が強調され、米軍による震災救援活動「トモダチ作戦」の展開に伴って「日米同盟は重要」「沖縄に基地負担を甘受させるべきだ」という現状追認的な意見が散見されるようになっている。しかし、震災後求められているのは、はたして「国家の危機」を前提にして、原発や普天間飛行場の辺野古移設などの「国策」を推進することで、揺るぎない「国家」を再構築することなのだろうか。本稿では、東日本大震災以降の国家と社会との関係を踏まえながら、沖縄から垣間見える震災後の社会認識について検討する。

2

東日本大震災後、頻繁に参照される文献に、米国のノンフィクション作家、レベッカ・ソルニットの著書『災害ユートピア――なぜそのとき特別な共同体が立ち上がるのか』(高月園子訳、亜紀書房、二〇一〇年)がある。同著作でソルニットは、「サンフランシスコ大地震」(一九〇六年)やカナダで軍用火薬を積んだ船舶などが爆発し大きな被害をもたらした「ハリファクス大爆発」(一九一七年)、「メキシコ大地震」(一九八五年)、米国を襲ったハリケーン「カトリーナ」(二〇〇五年)など、世界の大規模な災害時に人びとがとった行動について、具体的な事例を取り上げながら説明を加えている。

一般的に、大規模な災害などを描いたパニック映画では、危機的な状況下における人間は、他者に対して敵対的で利己的に振る舞うことで、自分だけが利益を最大化し、危機的状況から逃れて生き延びようとする。そのような人間像は、イギリスの政治思想家トマス・ホッブス流の「万人の万人に対する闘争」という社会状態が前提とするものであり、束縛や規制のない自然状態の社会モデルとして想定され、そのなかから互いが互いに対して狼であるような、弱肉強食の無秩序な世界を調停するものとして「国家権力」の必要性が浮かび上がる。

だがソルニットは同書で、そのような世界観に対して根本的な疑問を投げかける。災害時において、人びとは自分だけの利益を最大化するため、傍若無人に振る舞うのではなく、むしろ見ず知らずの不特定多数の人びと同士、共に助け合い、ときには命すら投げ出して他者を救おうとしさえする事例が数多く見られる。命以外に自身のすべてを失うような圧倒的な悲劇のなかで、人びとはそれまでの日常とはまったく異なる極限的な状況下に置かれる。そして金持ちも貧乏人も、さまざまな社会層の人びとが同じように瓦礫の中から親族を捜し出そうとする。これまでもありこれからも続くだろうと思われた社会関係が、一瞬にして吹き飛ばされるような状況下で、世界は一瞬にしてフラットになり、見ず知らずの人びとを直接的に、自然発生的に結びつける。

たとえば「サンフランシスコ大地震」のあと、見知らぬ人びとのために無償で食事を提供するある女性の行動は居合わせた人びとの共感を呼び、多くの協力が集まった末、瞬く間に二〇〇〜三〇〇人分の食事を提供するまでに活動が広がった。「ハリファクス大爆発」のさいには、鉄道通信員やオペレーターが死を覚悟して警報や救援要請を出し続け、自らの命と引き替えに多くの命を救った。ハリケーン「カトリーナ」に見舞われた米国ニューオリンズでは洪水時、ボートで親族を助け出した人びとが、親族だけでなく近所に取り残された見ず知らずの人びとを何百人も運搬した。同様の事例は東日本大震災のさいにも認められる。極限状態にありながら、被災者の間では相互扶助的な助け合い、支え合いが見られ、多くのボランティアの支援や義援金が寄せられたことは記憶に新しい。

ソルニットはこのような事例を挙げることで楽天的に性善説を強調するのではない。災害状況下でも略奪や暴動などが起こる場合はもちろんある。しかしここで注目されるのは、極限状態において悪事を働く人びとがいる一方で、見ず知らずの人びとが互いが助け合い、支え合うような、相互扶助的な社会関係も数多く立ち上がるという事実である。

このような事例が指し示すのは、国家によって維持されていると思われている既存の社会秩序が、災害などで崩壊したさい、極端な形で競争原理や利己的で敵対的な人間性が露わになり、カタストロフに行き着くのではなく、むしろ相互扶助的な社会秩序が自己組織化されるという人間社会の側面である。ここでソルニットの視点は、ある危機的な状況下においては「地獄の中のパラダイス（同書の原題は〝A PARADISE BUILT IN HELL〟）」のような、「束の間のユートピア」とでも言うべき自律的な秩序が出現する人間社会の可能性を見いだそうとしている。

3

『災害ユートピア』には「なぜそのとき特別な共同体が立ち上がるのか」という副題が付されている。同書の議論において、相互扶助的な「特別な共同体」は、災害時において一時的、限定的に現われるものとして検討の対象になっている。しかしこの視点を逆向きに捉え返すならば、真に重要なことは、同書の叙述を「なぜこのユートピア（共同体）を平時に築くことができないのか」という問題提起として受け止めることだと思われる。

このような問題提起を受け、沖縄の文脈で敷衍して思い起こされるのは、近代沖縄文学の研究者である故岡本恵徳氏が、代表的な論考「水平軸の発想――沖縄の『共同体意識』について」で述べた指摘である。同論考では、近代沖縄が日本という国家の一部となって以降の同化政策についての緻密な分析や、沖縄出身の詩人である山之口貘の「会話」についての鋭い指摘など、今日においても示唆的な議論が多い。しかし、とりわけここで注目したいのは、沖縄戦時の渡嘉敷島で起きた、いわゆる「集団自決」（強制集団死）についての考察である。

同事件は一九四五年三月、沖縄戦時の渡嘉敷島に米軍が上陸してのち、同島の高齢者や子どもを含む住民ら数百人が、日本軍の持っていた手りゅう弾数個で集団自決を行ない、それでも死にきれなかった人びとが親族や知人同士で手をかけて「自決」したという事件である。岡本氏は「渡嘉敷島の集団自決事件には、きわめて根源的なところで沖縄の人たちの意識のある面が、最も鋭くあらわれている」と指摘する。そして、「一発の手榴弾に、親族一統が折り重なるイメージ」として「家族と門中の秩序」の強固さの現われとして「集団自決」を理解する石田郁夫氏らの見解に若干の違和感を示したうえで、『共同体の生理』や『共同体意識』というのは、外部の力とのかかわりについて、一定の方向のみに機能する性格を本来的にあたえられているのではない。もともと持っているのは、内部的に機能するもので、自分たちの生命を護り、生活をすこしでもゆたかにしようとする性格である」と強調したうえで、次のように指摘する。

本来、共に生きる方向に働らく共同体の生理が、外的な条件によって歪められたとき、それが逆に、現実における死を共にえらぶことによって、幻想的に〝共生〟を得ようとしたのがこの事件であった。だから問題は、〝共生〟へとむかう共同体の内部で働らく力を、共同体自体の自己否定の方向に機能させた諸条件と、そういう条件を、あらがい難い宿命のようなものに認識した共同体成員の認識のありかたにひそんでいたといえるだろう。

（「水平軸の発想――沖縄の「共同体意識」について」）

ここで岡本氏は、「集団自決」において「共に死ぬ」という形で否定的に現われた共同体的な関係性の強さを、本来は「共に生きる」という可能性に開かれるべき積極的なものとして見いだしている。

一八七九年の琉球処分以降、日本という近代国民国家の内部に位置づけられ、後発的に近代化を推し進めなければならなかった沖縄社会にとって、日本への同化政策にまい進し、皇国臣民として積極的に戦争に加担することは、近代化を実現するための証であるような意味をもった。しかし、そうして社会の発展を志向した沖縄は、沖縄戦の壮絶な地上戦闘によって逆に焦土と化した。国民化に猛進し、日本への積極的な同化を推し進めた末の極限＝沖縄戦において、反転してもたらされた逆説的な帰結。そのなかで、今日に至るまで「集団自決」の経験は、日本人という国民の同胞意識を強化する「ナショナルヒストリー」や「殉国美談」的な物語には、決して回収されることのない出来事として、沖縄の人びとに強く意識され続けている。

このような沖縄の歴史的歩みのなかで、岡本氏が見い出そうとする共同体についての着眼は、国家と一体化すること（「集団自決」に行き着くような共同体と国家の同一化）が社会を発展させる方策だとする前提を、沖縄の戦後史の経験を踏まえて相対化しながら、本来の相互扶助的な社会の可能性にあらためて目を向けさせようとするものである。

4

このように考えたとき、岡本氏の共同体についての指摘は、東日本大震災後の沖縄においてとりわけ重要な意味を帯びて響くように思える。冒頭で述べたように、東日本大震災後の社会状況は、所得の一定の再分配機能をもった「国家」の機能不全を強化することによって「被災地の復興」＝「国家の危機」を乗り越えようとする動きが趨勢となっている。そしてこのような文脈において、普天間をはじめとする沖縄の過重な基地負担の現状も、大部分の沖縄県民の反対意見を無視しながら、国家の非常事態のなかで、なし崩し的に追認、是認されようとしている。

しかし、ソルニットや岡本氏を参照しながら得られたのは、「国家の機能不全の立て直し」とは異なった社会認識の可能性である。端的に言えば、震災以降、真に強化されるべきは「国家」

ではなく、逆に国家に拠らないような相互扶助的な社会関係であり、萌芽的に垣間見えている「平時のユートピア」を再構築することである。震災以降、「がんばろう日本」というスローガンが至るところで喧伝される。しかし、危機的な状況に置かれ、救済されなければならないのは「日本」という国家ではなく、あくまで「被災者」（市民社会の共同性）なのであり、求められているのは後者の潜在的な可能性をこそ健全化することである。それは、「国家の危機」を前提にして、原発や普天間飛行場の辺野古移設などの「国策」を推進し、揺るぎない「国家」を再構築しようとすることとは、別の道行きを辿るものになるだろう。

かつて沖縄の批評家である友利雅人は、国家への一体化の末に親族同士が互いに手を掛け合って死に至る共同体の経験を踏まえ、沖縄戦を経て再び日本の一部に帰属しようとする「復帰運動」を「第二の集団自決」と喝破した。だとするならば、今日の沖縄において、震災後、日米同盟の重要性が唱えられるなかで、「国策」である軍事基地の受け入れと引き替えに振興策や各種交付金を求めようとする自治体のありようは、第三、第四の「集団自決」と表現されるべきだろうか。しかし沖縄のこれまでの思想的経験を踏まえるならば、重要なことは、共同体を国家の暴力と調和的に共存させることで、その見返りに依存することではなく、潜在的なものとして見出すことができる自律的、相互扶助的な社会秩序を鍛え直し、「共に生きる」可能性に開くことなのではないか。現在、あらためて再考されなければならないのは、国家の強制力を強化することではなく、それに依存しないような「平時のユートピア」をいかに構築することができるかである。

「復帰」という視差

（沖縄からの報告23・二〇一二年一月号）

1

一九七三年に沖縄で生まれた筆者にとって、自身が生まれる前年に、沖縄という社会が日本という国家の一部となった、いわゆる日本への「復帰」は、年齢を重ねていくごとに、奇妙な違和感を覚える社会事象となっていった。戦後の沖縄は、苛烈な米軍統治を経て、「平和憲法」のもとへ戻るという期待を抱き「基地の全面撤去」を求めて日本への「復帰」を志向した。だが、日米両政府は基地負担を沖縄におしつけたまま「施政権返還」を強行し、その結果として、今日まで基地から派生する構造的な暴力は、沖縄に住む人々の日常を脅かし続けている。一九七二年から今年（二〇一二年）でちょうど四十年目。再び日本という国家の一部になった沖縄を現在まで取り巻くこの矛盾から「復帰」を捉え返した場合、はたしてどのような社会認識が垣間見えるのか。本稿ではこれまでに発表された「復帰」についてのいくつかの理解を踏まえ、近代国民国家の枠組みを相対化する沖縄のポジションについて考える。

2

沖縄の過重な基地負担によって日本の安全保障が担保されているという不平等、不公平な現状について、沖縄側から日本全国に向けた異議申し立てが行なわれるさい、その主張に対して「沖縄は七二年に自らの意志で日本という国家に帰属することを選択したのだ」という指摘がなされることがある。その指摘には、歴史的「事実」を沖縄の理不尽な現状に対置することで、言外に「沖縄が自ら日本という国に帰属することを選んだのだから、現在の基地負担も日本という国家の安定的な存続のために甘んじて受け入れるべきだ」とするニュアンスが含まれており、それによって沖縄側からの異議申し立てを退け、現状を是認する効果が生み出される。

しかし、そのような歴史的「事実」の理解は、はたして適切なものと言えるだろうか。このポイントを考えるうえで示唆的だと思われるのは、沖縄大学元准教授で、二〇一〇年に死去した沖縄思想史研究者の故・屋嘉比収氏の言葉である。屋嘉比氏は「復帰三十五年」にあたる二〇〇七年、沖縄の地元紙「沖縄タイムス」文化面に、さまざまな有識者が復帰についての自身の見解を寄稿した連載「揺れた島　揺れる島」で、「復帰」について考察を加えている（二〇〇七年二月十三、十四日）。

同論考で屋嘉比氏は、琉球大学教授で歴史研究者の高良倉吉氏が、「日本復帰は過去における選択」であり、「その結果として今がある」と主張した同連載の前出記事（二〇〇七年一月二十三、二十四日）を批判的に検証する。そして、沖縄で三十年以上が経過しても、いまだに「復帰」に対する批判的な議論が展開される理由を、「巨大な米軍基地が存在し、さらに新たに基地建設が強行されようとしている沖縄の現状に対して批判的であり、それをもたらした淵源をたどると『復帰』のあり方が問題として浮かび上がってくるからだ」と指摘する。

そのうえで、高良氏が「復帰」に対し、「三十五年前に沖縄の圧倒的な多数意思は日本復帰を選択した。誰かの圧力でそうしたのではなく、また、誰かの誘導に踊らされたのでもなく、自らの主体的な選択としてそうしたのである」と述べている点を疑問視し、「はたして、高良氏が言うように、『沖縄の圧倒的な多数意思』は『日本復帰』を『主体的に選択した』といえるのだろうか」と歴史的経緯を問い直していく。

屋嘉比氏は、沖縄社会で「日本復帰」が公けに主張されるようになったのは、一九五一年の沖縄群島議会の要請決議や日本復帰促進期成会結成が始まりであり、以降「復帰運動は二十年を越える期間に及び、その間変化してきた」と述べる。そしてさらに、沖縄住民の多数が「基地の全面撤去」による「日本復帰」を希求していたにもかかわらず、一九六〇年代後半に日米両政府の「施政権返還」の内容が、米軍基地の現状維持を前提としたものとする方針が明らかになると、「住民の多数は日米両政府の進める『施政権返還』に強く反発し、復帰に対する意識は大きく転換した」というポイントに着目する。

基地・施政権分離返還論のあとの一九六七年十一月の佐藤・ジョンソン会談により米軍基地の現状維持の返還が明らかになると、沖縄の世論は大きく変化していった。この時期、復帰運動に対して、琉球新報社の世論調査が三回行われているが、その調査結果をみるだけでも、住民意識のなかで「基地の本土並み返還」から「基地の全面撤去」へと大きく変化していることが確認できる。(中略)しかし、日米両政府は政治軍事的戦略により、東アジアにおける日米同盟の再編を最優先し、沖縄住民の「復帰」の要求を逆手にとって、迫りくる沖縄の「施政権返還」の日程をたてに強行したのが実態ではなかったのか。

(「沖縄タイムス」文化面二〇〇七年二月十三日付)

このように歴史的経緯を考えると、七二年の施政権返還は、沖縄側が求めた「基地の全面撤去」という民意の実現ではなく、むしろその民意を利用しながら、日本と米国が近代国民国家の枠組みを安保体制のなかで再強化し、国家の強制力=軍事力の過重負担を沖縄に担わせたまま、共同管理する姿勢を再確認するという政治的セレモニーだったといえる。つまり、屋嘉比氏の指摘を踏まえるならば、「沖縄住民はフリーハンドのもとで、『日本復帰』を自由に『主体的に選択した』とはいえない」のである。

3

屋嘉比氏の指摘は、「復帰」という歴史的歩みが、沖縄を否応なく日本と米国という近代国民国家の枠組みのなかに位置づけるプロセスとしてあったことを私たちに気づかせる。しかし、「復帰」から沖縄が得た経験則は、近代国民国家の一部に一方的に再配置されたという消極的な側面だけではなく、それとは異なるより積極的な認識ももたらした。前出の屋嘉比氏の指摘を踏まえ、さらに広い射程で「復帰」前後の状況を考えるために示唆的だと思われるのは、沖縄の詩人で批評家の川満信一氏が述べた「復帰」に至る直前の沖縄の時代状況の回顧である。地元紙の新聞記者、詩人として沖縄で「復帰」をくぐり抜けた川満氏は、以前に自身の経験として、以下のような趣旨の話を書いていた。

沖縄が日本へ「復帰」する以前、その行く末を議論するさいの社会状況について、沖縄を取り巻く政治的なうねりが高まるなか、将来像がどのようなものとなるのかが不確かで、まったく確定的な前提が成り立たないような混沌とした社会的雰囲気が濃厚に漂っていた。そのうえで、日本という国家の一部に帰属しようとする「復帰論」以外にも、その帰属に批判的な「反復帰」論をはじめ、中国の一部になった方がいいとする考え方や、「独立」という形で自律的社会を模索する意見、スイスのような永世中立国となる案や、国連の一部として存在する方針、なんらかの斬新な発想を投票で募り沖縄の将来像を決めるアイデアなど、議論百出とも言えるさまざまな見解が入り乱れていたという。

今日的な文脈からすると、当時交わされたそれらの多様な議論は、ほとんど実現不可能な夢物語のような、ほとんど荒唐無稽と見なされる考えである。しかし、ここで興味深いと思うのは、そのような幾多の社会像が、当時の沖縄社会で「真剣に議論されていた」という点であり、それがリアリティをもった多様な選択肢として多くの人々に意識されていたという点である。この事実は、当時の沖縄が置かれた社会的文脈の危機感や昂揚感が如実に反映された、簡単には退けられない切実な根拠をもったものであり、同時に今日的にも積極的な社会認識をもたらすものであるように感じられる。

川満氏の回顧には、沖縄という社会の位置づけが、ある歴史的過程であまりにも大きく変化したことに伴って、その位置差が生み出すまなざしが捉えた興味深い世界観が、如実に示されている。「復帰」という歴史的過程において、沖縄という社会が大きく揺れ動くなかで、本来は当然のものとして納得されている近代国民国家を前提とした世界像には、ある「歪み」が生じている。自らの社会がどの国家に所属するのかもわからず、あるいは所属しないのかもしれないような、安定的な前提がない宙づりの文脈において、既存の近代国民国家の枠組みを自明視しない（あるいは自明視できない）ような視座が、ここで露わになっているのである。

「復帰」当時に議論された幾多の社会像は、歴史を事後的に眺める今日的な文脈からは、いかにも大風呂敷なものに見える（しかし将来について、透過的に物事を見渡し、安定的に語れる場所が、はたしてどこに存在するというのだろうか?)。だが、それがいくら滑稽に思えたとしても、ここで重要だと思われるのは、その幾多の社会像を見出す根拠には、沖縄が「復帰」をくぐった際の、社会の大きな位置のギャップから生まれた「視差」が存在している、という点である。病気になってはじめて健康の価値がわかるように、恐慌の際に普段意識されない貨幣の本質が把握できるように、沖縄が「復帰」という極端な危機的状況を通過するプロセスで得られた視差は、国家の有り様を括弧で括り、異化し、その存立を浮き彫りにする。この視差こそ、自明のものと前提にされる近代国民国家の枠組みを、絶えず相対化するポジションを、沖縄社会に経験則として与えるものにほかならない。

4

これまでの考察を踏まえるとき、ことあるごとに沖縄から近代国民国家を相対化する視点が生まれることには、一定の根拠があることがわかる。重要だと思われるのは、沖縄が歴史的に「復帰」を一度くぐったことによって、国家の存立が恣意的なものであるということを、経験則として感知しているということである。

川満氏は、「復帰」前に沖縄の将来像をめぐってさまざまな議論が成されていたことを敷衍しながら、沖縄が七二年を経て、日本という近代国民国家の一部に位置づけられて以降は、当時リアルに感じられていた多様な社会の選択肢が急速に限定的なものとなり、目の前に開かれていたはずの沖縄を取り巻く多様な社会認識の可能性が、日本という国家との関係のなかでのみ考えられ、日本に対する「批判」や「要請・陳情」の発想に変化したことを指摘している。この認識は、沖縄が本来もっていた「復帰」という視差の重要性を、あらためて私たちに気づかせるものであり、「九五年の暴行事件」や「普天間問題」「歴史教科書問題」など、沖縄という社会と日本という国家の間に強い隔たりを生じさせ、たびたび大きな齟齬が露呈したさい、その既視感が何に由来するのかを指し示すものだといえる。

「復帰」の意味はこれまでも歴史の各節目で問い直され、そのつど、沖縄の置かれた現状を問い直すための大きな指標になってきた。日本という国家と沖縄という社会の関係や距離感を如実に反映する言葉が「復帰」というキーワードで言い表わされてきたと言えるが、復帰四十年の節目を迎える現在、その関係の隔たりはこれまでにないほど大きくなっているのではないかと思える。

七二年の「復帰」は、沖縄側が求めた「基地の全面撤去」という民意の実現ではなく、むしろその民意を利用し、日本と米国が施政権返還によって近代国民国家の枠組みを安保体制のなかで再強化する政治プロセスだった。そしてその流れは、今日の普天間問題に至るまで継続し、軍事力の過重負担を沖縄に担わせたまま、日米が共同管理する姿勢として現在も顕在化している。したがって、国家の強制力＝軍事力の過重負担を沖縄に担わせたまま、再配置しようとする強権的な姿勢に対しては、徹底してこれを拒否しなければならない。

しかし同時に重要なことは、沖縄の過重な基地負担を拒否しながらも、それを国家に対する「批判」「要請・陳情」のみに終わらせるのではなく、「復帰」という視差から垣間見える社会認識を手放さず、近代国民国家を相対化しながら、沖縄が置かれた現状を新たな可能性にもう一度開くことである。復帰四十年の節目を迎える今年、切実な課題は近代国民国家の一部に位置づけられたこれまでの沖縄のあり方を問い直し、自律的な社会をいかに構築できるのか。沖縄から近代国民国家とは異なる、新たな社会構想をどのように模索できるかである。

桃原一彦

震災後の軍隊とメアの水脈

（沖縄からの報告15・二〇一一年五月号）

「あの迷彩服に違和感がある。」

これは、卒業を間近に控えたある学生が研究室を訪れたさい、東日本大震災の報道映像を見て発した言葉である。なるほど、彼女が発した言葉は自衛隊員も含むものだが、主として被災地支援に従事する米軍兵士に向けられたまなざしだった。大量破壊と殺人行為の組織的任務遂行を訓練され、イラクやアフガニスタンなどで任務遂行中の迷彩服が「トモダチ」と称して救援活動に従事しているのだから、至極当然な感性からの言葉である。実際、四月から気仙沼市大島で復興支援にあたる米海兵隊の第三一海兵遠征部隊は、沖縄のキャンプハンセンに常駐し、二〇〇四年にはイラクのファルージャで殺戮行為を実行している。

「国難」「戦後最大の国家危機」と称される災害規模から察知されただけではない、彼女の漠然とした不安とは何か。銃器を携帯した迷彩服や破壊兵器が日常的に闊歩し、女性が米兵にレイプされる事件が頻発し、軍用ヘリが墜落炎上し大学キャンパスが平然と占拠されてしまうような沖縄から見れば、今回の「友好的な」救援現場の光景にはなにかしらのアンバランスさを感得せざるをえないはずである。また「国難」にもかかわらず、復興支援に充てるべき一八八一億円の「思いやり」は難なく「トモダチ」に献上され、政府・官僚や米国防副次官補はどさくさまぎれに普天間基地の固定化を前提とした在沖海兵隊の「有用性」を強調する。津波の破壊力を目の当たりにした米軍は、辺野古沖の海上基地よりも普天間基地の固定化を要求するかもしれない。

震災と軍隊が接木されることを自明視せずに違和や不和として察知するなかで、私は十一年前に書かれたある文を思い出した。それは、沖縄人作家の目取真俊が一九二三年に発生した関東大震災前後の情況について寄せた随筆である（「琉球新報」二〇〇〇年五月五日朝刊）。目取真は、神奈川の紡績女工経験をもつ祖母との対話を中心に、一九二五年の治安維持法制定や、その二年後に「ぼんやりした不安」という言葉を残し自殺した芥川龍之介を絡めながら、震災後を「大正デモクラシーの終わりと昭和という軍国主義の時代への幕開け」として読み取る。また、震災後を暴力の契機として看取する目取真の読みには、六〇〇〇余名が虐殺された「朝鮮人狩り」や「アカ狩り」という直接的な暴力と、「沖縄的なるもの」を露出しないように生活改善運動を展開した沖縄人の「暴力の予感」が伏在している。

たしかに、九〇年ほど前の震災と今回の震災とは、ヒト・モノ・カネ・情報の流れが明らかに異なる。戦前・戦中期のような悪辣なまでの規律統制や相互監視、ましてや〈虐殺〉などという行動は生じえないだろう。しかし、暴力の契機に関する目取真の読みは、戦後日本に長年保蔵されていた軍隊と国民国家を貫く水脈が、新たな形で溶出する可能性があることを気づかせてくれる。その新たな形とは何か。それは哲学者ジャック・ランシエールが〈ポスト民主主義〉と名づけたような様相なのかもしれない。ポスト民主主義とは、多様な言説が生産される高度情報社会の時代に発動するような、巧みな合意調達に基づく社会形態である（ランシエール『民主主義への憎悪』インスクリプト、二〇〇八年）。震災後の「頑張ろう日本」「一つになろう日本」「日本は強い国」などTVタレントがソフトに発信するナショナルなスローガンは、友好的な「トモダチ」への恩義とパッケージになって、国家と軍隊を貫くある主体を凝固させていく可能性はないだろうか。そして、武装した「トモダチ」については、直視せずに済む（直視したくない）沖縄に遠隔固定されるという合意調達が発動する可能性はないだろうか。

もう一度、目取真の読みに戻るならば、そのとき狩り出され圧殺される存在あるいは自らを抑圧する存在はいないだろうか。そこで、徹底的に解剖し、分析しなければならない言説がある。それは、米国務省東アジア・太平洋局日本部部長だったケヴィン・メアの「沖縄はゆすりの名人」発言だ。なぜなら、彼の発言はポストコロニアルな社会においては容易に隠されてしまう差別主義の根源を、見事なまでに地上に溶出してしまうからだ。よって、メアの人格性ではなく、彼が用意した言説空間を分析対象としなければならない。戦後日本が一貫して武装兵を沖縄に押しつけてきた問題の琴線に触れる言説空間であるからこそ、それが合意調達のうえで圧殺、抑圧という暴力の対象に転化する可能性があるからだ。その暴力の初期微動は、米国政府が臆面もなくメアを震災の調整担当官に復権させた行為や、その行為に対していっさい抗議しない日本政府の態度に既に発動されている。ポスト民主主義とは、比較文学者の周蕾《レイチョウ》がいう〈言説複製時代〉とも言える（周蕾『ディアスポラの知識人』青土社、一九九八年）。ＴＢＳテレビの杉尾秀哉解説委員は、二月にメアと食事したさい、日本でコンサルタントのビジネスを展開したい旨の相談を受けたとワイドショー番組で暴露していた。メアがコンサルタントとして日本に登記しようとする空間の集合心性を徹底的に解剖することは無駄ではないはずだ。言説複製時代は「沖縄はゆすりの名人」までも、陰に陽に合意調達に利用するかもしれない。

ところで、メアの発言内容は、ベトナム戦争時の米国とベトナムを描いたあるドキュメンタリー映画のなかの登場人物たちが発した言葉と重なりあう。その作品とは、一九七二〜七四年に製作され七五年にアカデミー賞を受賞した『ハーツ・アンド・マインズ』（ピーター・デイヴィス監督）である。注目したいのは、元大統領補佐官や米軍司令官たちが「虚偽」「不純」「狡猾」「不信心」「残虐」などのイメージを前提に共産主義の脅威とその「ドミノ理論」を語り、その表象行為が「ベトナム人」像という民族イメージと重なっていく場面である。そして、ベトナムについて「成長途中の子供」「人間以外はきれいな国」「人々は原始的で、いちいち問題を起こす」という言葉が飛び出す。

もちろん、沖縄に対するメアの表象行為に共産主義の文脈は含まれない。しかし、沖縄人を

「ゆすりの名人」と書き込む行為は「虚偽」で「狡猾」で「いちいち問題を起こす」というイメージと同系の言説複製にあたる。またメアが羅列した「怠惰」「アルコール中毒」「離婚率」「飲酒運転」「家庭内暴力」という表現は、原始性、野蛮性のメタファー（隠喩）であり、日本人との比較対照において下した政治的審級の指示記号である。マルティン・ハイデガーと周蕾の表現を絡めるならば、メアが登記した言説空間とは帝国主義と人種差別主義の生き残りをかけた〈投企〉であり、植民地主義者がネイティヴを書き込み保蔵する第三段階にあたる。第一段階は帝国主義的な支配によって、第二段階は文化的な支配によって、第三段階は言説複製行為によって支配と抑圧の対象を保蔵しようとする。ベトナムから「悪魔の島」と呼ばれた沖縄は、帝国主義と人種差別主義の言説複製空間においてベトナムと同じ場所に布置されている。

だが、メアが投企する言説空間は、決して沖縄人を、つまり植民地のネイティヴを捕捉し所有することはできない。政治思想学のダグラス・ラミスがフロイトの精神分析を用いて述べたように、メアが発した軽蔑的な発言には、自らの自画像や社会的地位を構築するために利用してきた他者（沖縄人）に対するメランコリーがあるのだ（「琉球新報」二〇一一年三月十四日）。植民地主義者は、自らがまなざす主体でありつづけようとし、原住民を「自分好みの従順な」客体として固定化する支配関係の再生産を試みる。しかし当の原住民は自己を主張し、まなざしかえす主体でもあり、圧制者によるコントロールや固定化など不可能な領域で現実を生きている実存である。すなわち、客体としての固定化が不可能な他者を眼前にしたとき、圧制者は自分自身の知的位置に関する限界・不安・喪失感を代補しようとし、軽蔑的な表象行為を他者に投射する。だからこそ、他者の切片を懸命にかき集めては、ルサンチマンのごとく非難・攻撃の欲望に駆られる。それは自らの喪失感と不能性を他者の責任へと転嫁し、「欠如」や「堕落」の存在としてエディプス的に表象しなければならなくなるからだ。否、むしろ圧制者は「欠如」や「堕落」であると意味づけできるときに限って表象したがるのである。

以上から、メアの人種差別的表象行為は、周蕾がいう「エスニックな標本」に期待を裏切られたときの居心地の悪さに端を発しているといえる。だからこそ、裸体を暴くかのように沖縄人をポルノグラフィックなまなざしに還元し、人種的な徴候《しるし》を刻印しようとする。さらに、彼の生き残りをかけたプロジェクトは、その徴候に在沖海兵隊の抑止力論や普天間基地の移設問題を絡め、沖縄の「政治的な不純性」を責めたてるところに拡張しようとする。自身の政治的不純性を棚上げにしておきながら、沖縄人の身体に政治的責めのスティグマを刻印したいのだ。だが、どれほど切片をかき集めようとも、差別主義者には植民地原住民を所有することはできない。

しかし、ポスト民主主義および言説複製時代は、植民地主義者と植民地原住民との直接的な対決および不和や不可能性までも利用し合意調達に動員しようとする。そのとき利益を得る主体とは誰なのか。あるいはこの対決と不和を参照しながら凝固しはじめる主体とは何か。それは「国難」に紛れて、友好的な「トモダチ」と武装した「トモダチ」を棲み分けさせ、使い分ける、ポストコロニアルを実践する国民マジョリティである。この問いを見失わないためにも、メアの表象行為を二者間に閉じたかたちで読み解くことに終始してはならない。言説複製時代はさまざまなかたちをとって圧制者やコロンを増殖させる。そのことを考えるうえで、再度『ハーツ・アンド・マインズ』の内容に立ち返ってみよう。それは、幾人かのアメリカの市民がベトナム戦争について語る場面である。


「ベトナムのことはよく知らない。知らない方がいいんだ。」

「アメリカでの生活にはベトナム戦争は関係ない。戦争したい奴がすればいい。」

「戦争のことは時々考える。でも自分の生活が優先ね。」

「生活にはまるで影響ないね。」

「どこのために戦ってるんだっけ？　北ベトナムだったよな？」


これらの語りをベトナム戦争に関する「傍観」「無関心」「無知」という意味づけで処理してはならない。ポスト民主主義と言説複製時代の民衆は、複雑な事実を既視感のごとく言説のなかで捉え、それを縮減した空間に合意調達を依頼する。「ベトナム戦争」という現実は、言説空間という複製品（シミュラークル）のなかで先験的に所有される。そこは、事実を不在にしたまま反復可能な、圧迫から解放される集合空間となる。そこではさまざまな当事者性や政治的文脈を喪失させるため、民衆自らが実行している暴力性や権力性の甚大さを意識することなく、ただちに「平和」というスローガンだけを機能させようとする。アメリカ兵―ベトナム人・共産主義という対決の構図、および戦争と自身の生活に閉じた構図は生活世界の隣接領域に集約されるが、ベトナム人同士が殺しあったこと、韓国人やフィリピン人なども殺戮行為に参戦したこと、そして沖縄が「悪魔の島」と化したというノイズは聞き取れない。

大震災時のナショナルなスローガンと友好的な「トモダチ」が接木されるなかで、メアの言説は日本人のなかでどのように所有され、反復され、集合空間を形づくるのだろうか。やはり、メアと沖縄との二者間の対決、不和の構図に閉じられてしまうのだろうか。友好的な「トモダチ」と武装した「トモダチ」を重ねあわせ、メアと同じ地平で沖縄に対する自らの差別行為を直視することはできるのだろうか。そのようなもろもろの情況のなかで「メアは要らない」という沖縄の〈声〉が「普天間基地も海兵隊も抑止力論も要らない」と発したとたんに、それをヒステリーの〈叫び〉に矮小化せず聞き取ることができるだろうか。

最後に、先ほど紹介した『ハーツ・アンド・マインズ』のアメリカ市民の語りのなかで、「ベトナム」の箇所を「沖縄」「イラク」「アフガニスタン」に置き換えて読んでみよう。そして「アメリカ」の箇所を「日本」に置き換えて読んでみよう。先ほど、今回の震災後には九〇年前の〈虐殺〉や軍国主義と同じようなことは生じ得ないと述べた。しかし、沖縄を日米の軍事植民地にしたまま、国外での殺戮行為を「トモダチ」に実行させるという意味では九〇年前と同じ水脈を抱えていることになる。大震災の痛手は大きい。だからこそ、他者の痛みが理解できないようなメアと同じ水脈を抱えてはならない。

引き剝がされた影とテクストの誘惑

（沖縄からの報告18・二〇一一年八月号）

今年（二〇一一年）も慰霊の日をむかえた。〈六月二十三日〉という日に定められてもう五〇年ほどになるらしい。この一定の時空間に打ち立てられたモニュメントがわたしの体内に装着されて、四〇年以上が経過した。それはいつも決まり文句のように、〈四月一日の米軍上陸〉や〈第三二軍司令官・牛島満中将をはじめとする司令部の自決と組織的戦闘の終結〉というテクストで始まる。いわゆる「大文字の歴史」というやつだ。

昨今は学校教育やメディアの取り組みにおいて、沖縄戦に関する語りや表象実践は多様である。それは大きなテクストに決して回収されないコンテクストが民衆や個の側にあるという意味で、きわめて重要な政治的実践だと思う。しかし、沖縄戦を体験していない世代、否、体験している世代でさえ、いざ慰霊の日というモニュメントの存在理由について言語化するとき、やはり紋切り型のような先のテクストから説明を始め、そこからやっと個々のコンテクストという支流に分け入っていくことになるのではないか。ジャック・デリダは、このような作用を標記（マーク）構造およびテクストの反復可能性（繰り返し可能性）と呼んだ（ジャック・デリダ『有限責任会社』法政大学出版局、二〇〇二年）。とりわけ、コンテクストに分け入ることが困難であるほど、つまり目をそむけたい〈痛み〉やトラウマが深いほど、標記構造は強固であり、テクストの反復可能性は高まる。テクストは多くを語らずとも例証的に反復参照され強化されるが、他方でコンテクストはモニュメントの地中深く置き去りにされたままとなる。

今年の六月二十三日、わたしたち親族は祖父が亡くなったという糸満市真栄里《まえざと》の〈栄里之塔〉で例年どおり慰霊祭を行なった。慰霊祭とはいえ、とくにセレモニーがあるわけではない。ただその地に立ち、正午の時報とともに祈り、弁当を食べながら語らうという大変地味な慰霊祭だ。皆、黙して多くを語らないのだが、何かを感じ思い、何かを考えながら、ただ一面に広がる畑や原野を眺めている。その時空間は、まるで肺の奥から絞り出すように吐き出される何かの塊で包まれている。

昨年（二〇一〇年）の慰霊祭はパトカーのサイレンによって、その重々しい塊が一瞬にして破壊された。よりによって慰霊の日に塔の裏手の工事現場で不発弾が発見されたのである。それに比べれば、今年の慰霊祭は穏やかな方だ。ただいつもの六月二十三日と違うのは、塔の周囲に生い茂っていた木麻黄《もくまおう》の枝葉が五月台風の塩害ですっかり枯れはてたこと。例年梅雨明け直後の陽光とともに小高い丘を風が吹き抜けるのだが、今回ばかりは湿度の高い空気が肌にまとわりつき木麻黄からナメクジまで降ってくる始末だった。ナメクジの雨を避けるために木麻黄を見上げていると、いつものように塔の先端から菊花紋章が見下ろしている。そして足元を見れば歩兵第二二連隊の勇猛果敢さと、米軍司令官バックナー中将を戦死させた功績の碑文が高らかに謳われている。すぐ近くにはバックナー中将戦死碑があり、司令官の死に怒り狂った米兵たちが住民虐殺を実行したというテクストに行きつく。栄里之塔一帯はそのような空間の標記構造が成立している。

真栄里に向かう車中、父は祖父の死と遺骨について語りだした。戦火のなか祖父の遺体の場所には叔母（父の姉）たちが目印になるよう石を置き、あとで遺体なり遺骨なりを引き取りに戻るつもりでいた。しかし終戦後その場所に戻ってみても、どれが目印の置石なのか、そして粉砕し入り混じった多数の遺骨のなかで、どれが祖父の亡骸なのかとうてい判別できなかったという。そして粉砕混淆した亡骸は栄里之塔を経由し、現在は国立沖縄戦没者墓苑にまとめ上げられている。

じつは毎年六月二十三日の真栄里の地で、わたしは父の語りとほぼ同様の語りを叔父や叔母たちの口からも聞いてきた。しかし何度聞いても、わたしはまるで初めて聞くような感覚に駆られるのである。それは「つねに新しい発見がある」などと言える学者向けサプリメントのような効能ではない。真栄里の地に向かい、その丘に立ち、父らが語り叔母が涙するまで「組織的戦闘終結」「バックナー中将戦死」「住民虐殺」という反復可能なテクストの標記構造のなかで、個々の記憶の語りがいつもリセットされてしまう。そして父や叔母たちの口から祖父がどんな性格で、何が得意で何が苦手で、どんな表情や顔立ちの人だったのかがまったく語られないように、その存在は粉砕混淆したまま国立墓苑にあるのだ。だから、六月二十三日はいつもあの置石と骨の切片パズルを合わせることから始めなければならない。わたしが〈いまここ〉に存在している理由が〈いまそこ〉にあるはずなのに、その記憶の影はわたしの身体から逃げ続けているかのようである。

村上春樹の小説に『世界の終りとハードボイルド・ワンダーランド』（新潮社、一九八五年）という作品がある。壁の向こうから「世界の終り」に送り込まれた主人公の〈僕〉は、自身の〈影〉を〈門番〉によって引き剝がされ、壁の向こうにいたころの記憶を失う。〈僕〉は記憶を失ったがゆえに不安定で不完全な心のままだが、巨大な壁の内側で暮らす人々は記憶を失ったことさえ忘れ、感情を失い、無機質な日々をおくる。やがて〈僕〉は壁の向こうからやって来る〈獣〉の頭骨から「夢を読む」役割を与えられる。しかし、〈僕〉は記憶を失ったがゆえに頭骨から発せられる「夢」をうまく組み立てることができない。自信を失い続ける〈僕〉は〈影〉を必要とし、記憶をうまく扱えない〈影〉も〈僕〉という肉体を必要としている。そして〈僕〉は壁を自由に飛び越える〈鳥〉の存在と壁の外を夢想する。

小説作品を通したメタファーになってしまうが、慰霊の日の時空間に立たされたわたしには「世界の終り」の〈僕〉が奇妙にもしっくりくる。沖縄戦を体験していようがいまいが、あの時空間に立たされた者は自らの存在様式に関わる記憶（影）を引き剝がされたなかで、頭骨の切片から記憶〈夢〉を組み立てるという不可能な作業を余儀なくされる状況にあるのではないか。それは字義どおりのガマファヤー（遺骨収集作業）や沖縄戦体験者への聞き書きだけを意味しているのではない。むしろそれは、もはや組み立てようのない粉砕混淆したあらゆる不可能性から〈壁の向こうの夢〉を見ることを意味する。だが不可能性や困難性は不安定であり完成形が見えないため、大きなテクストに飲み込まれることへの誘惑がつねに隣接している。つまり、わたしと記憶を引き剝がしにかかろうとする何かしらの〈門番〉と、囲い込もうとする壁がいつも詰め寄ってくるのである。

慰霊の日に限らず、東日本大震災以降はこの〈門番〉と壁が迫りくる感覚に駆られることが増えた。それは、本書一八八頁〜一九六頁で書いたようなポスト民主主義的な状況下における「トモダチ」作戦と「頑張ろう日本」というスローガン、そして防衛省による沖縄を災害支援拠点として位置づけた自衛隊と米軍の配備・連携強化案などである。ジョルジョ・アガンベンが言うように、民主主義とはもはや政体や主権などではなく、統治技術と執行権に完全シフトしている（ジョルジョ・アガンベン他『民主主義は、いま?』以文社、二〇一一年）。さらにアガンベンの指摘で注目したいのは、統治の不可能性を覆い隠す知（虚構）の作用に言及している点である。それは直接的な統治という問題に限らず、知の動員によって翻訳不可能なものを可能なものに交換し使用するという、人間疎外の問題に行き着いている。この疎外の問題はテクストとコンテクストの作用にも連動する。ポスト民主主義下の統治とは、民主主義者が愛してやまないテクストへの隷従を意味する。かくして、沖縄において代替不可能な文脈が大きな物語のなかで翻訳可能なものとなるようなテクストの作用をどこに見出せばいいのだろうか。

もちろん、沖縄をめぐる膨大なテクストの作用を一つひとつ取り出すことは容易ではない。だが昨今気がかりなのは、大震災後の原発問題と沖縄の基地問題を同じ地平に並べ「構造的問題」や「構造的差別」という言辞が多用される傾向である。たしかに、そこには反国家や反権力的な抵抗、そして市民的な連帯の可能性が生み出され、なんらかの「共通の敵」とスローガン化された公式概念を打ち立てることもあるだろう。しかし、公式化された概念によって他者の不可能性を容易に読み替え交換し、なんらかの集合的な目的に使用することには、他者を疎外するという落とし穴が待ち構えてはいないか。公式概念のもとでの〈痛み〉は一見「等価交換」(お互いさま)のように映るだろうが、じつはある不均衡な関係によって抑圧され抹消されてしまう〈痛み〉のコンテクストではないだろうか。

公式化されたテクストとその標記構造による囲い込みは、しばしば個人を超えて権威的に機能し、「個人の融和」を道徳的に要請する。それは公式化されたテクストをフィルター代わりに使用して他者のポジションに座りたがり、それを先取的に占めてしまうことでもある。それは大震災を「三・一一」と表現し、二〇〇一年の「九・一一」との関係で巨大なアレゴリーを構築してしまおうという誘惑に似ている。周蕾《レイチョウ》の言葉を借りれば、「『大きな』歴史的問題を作り上げるためには、犠牲者や少数派がすでに確定されていることが、つねに必要だからだ」(周蕾『ディアスポラの知識人』青土社、一九九八年)。デリダは「買い物リスト」をメモすることの機能について言及しているのだが、それは買いたいものを忘れないための記録でありつつ、同時に余計なものを忘れさせる技術と表現していることは興味深い。買いたいものと余計なものとの峻別、それをリストアップできる者のポジショナリティ、そしてそのポジションから生じる利益と欲望は、生産されたテクストの系譜を解読するうえで無視できない問題である。

以上の問題は、わたしを含めたあらゆる知識人に突きつけられるはずだ。他者(マイノリティや「犠牲者」)を対象とするさまざまな概念装置を生産し、その方法論を学生に叩き込む。このようなテクストの権力性と隣り合わせで、書くという行為を実践している。慰霊の日の翌日、沖縄国際大学と東京外国語大学の学生たちで学習交流会が行なわれた。そのなかで雨宮処凛の著書『生きさせろ!』を軸に、ネオリベラリズムとワーキングプアおよびプレカリアートの問題が議論された。またリンダ・ホーグランドのドキュメント作品『ANPO』を軸に、世代、ジェンダー、フェンスなどの視点でアートによる可視化と表象、そして抵抗の可能性について議論が交わされた。興味深かったのは、東京の学生が沖縄で若者の貧困について語り、そして日米安保や基地問題を語るなかで激しく緊張し消耗していた姿だ。それは、東京から持ち込んだテクストによって他者をポータブルに所有できてしまうことから発せられている。また、それは沖縄の学生から吐き出された困難な塊が、東京から持ち込まれたテクストに飲み込まれようとする一歩手前での不可能性からも看取されている。

村上春樹の前掲書に描かれたもう一つの世界「ハードボイルド・ワンダーランド」は〈計算士〉と〈記号士〉が覇権を争い、「シャフリング」という暗号化の技術まで開発されている。あらゆる土地や記憶が剝ぎ取られ、埋め直され、膨大な資本が流転し、粉砕混淆した沖縄はまさしく「シャフリング」された世界だ。沖縄の学生から発せられた「那覇や南部に住んでいると基地が見えてこない」という東京の学生にとっては信じ難い言葉も、私自身の苦い経験と重なり肯ける。このような不可能性と困難性を抱えた者は自信を失い続ける。だから、いっそのことテクストに飲み込まれた方が高い評価を手に入れ楽になれるのだ。しかし「世界の終り」の〈影〉はわたしにこう言ってくれる。

君は自己を見失ってはいない。ただ記憶が巧妙に隠されているだけだ。だから君は混乱することになるんだ。しかし君は決して間違っちゃいない。たとえ記憶が失われたとしても、心はそのあるがままの方向に進んでいくものなんだ。心というものはそれ自体が行動原理を持っている。それがすなわち自己さ。自分の力を信じるんだ。そうしないと君は外部の力にひっぱられてわけのわからない場所につれていかれることになる。

書き込み行為を仕事としているわたしは、つねにテクストの構築に加担している。とは言え「脱構築」を高らかに謳い、差異や多様性の言辞を並べ立てるような「複数主義」も避けなければならない。そのようななかで、どこに身を置き、どのような力と方向性を信じて壁の向こうを夢見たらよいのか。その明確な答えはしばらく出そうにもない。だから主人公の〈僕〉と同じように、わたしも自身の影にこう応えたい。「努力してみるよ」。

「民主主義」と「沖縄問題」のフォーマット

（沖縄からの報告21・二〇一一年十一月号）

法は私を本当に縛りはしない、私は私が望むことをお前に為しうるし、私がそう決めればお前を罪人として扱いうるし、一言でお前を破壊しうる……。

スラヴォイ・ジジェクは「民主主義から神的暴力へ」という論文のなかで、国家権力（「私」）から発せられるメッセージの猥褻性をこのように著した（ジョルジョ・アガンベン他『民主主義は、いま?』以文社、二〇一一年）。筆者は本書二〇〇頁で、民主主義はもはや統治技術と化したと述べた。テクノクラートとその権力は法を都合よく外科手術し、あらゆる資源を動員し、見かけ上の「民主的合意」を調達しようとする。ジジェクが捉えた民主主義下の権力の姿は、原子力発電所をめぐる説明会のさまざまな〈やらせ〉工作や、沖縄の米軍用地強制使用をめぐる公開審理の会場に防衛施設局職員が大量動員された光景と異体同心のように重なりあう。

本年（二〇一一年）、沖縄では「民主主義」という言葉が大特価で売りに出されている。五月には国頭村安波区に急浮上した普天間基地移設受け入れ案をめぐり、委任状が三割にものぼるなか区民投票が強行された。そのとき「賛成多数」の投票結果を受けて推進派が発した「民主主義を尊重する」という言葉は、まるで遠い昔の寓話のような響きがあった。また八月からは八重山地区における中学公民の教科書をめぐって「教科書改善の会」（いわゆる「つくる会」）の育鵬社版採択問題が噴出し、そこでも採択協議の手続き論に端を発し「多数決」という言葉が乱舞した。いずれも「多数決」と「民主主義」が等式におかれたかたちで、共同体の今後の〈あり方〉が争点となっている。

とくに八重山地区の教科書問題は混迷をきわめている。石垣市における「尖閣諸島開拓の日」制定や与那国島への自衛隊配備計画など、まるでレコンキスタのようなうねりのなかで教育行政の改革が進み、二〇〇九年に横浜市で「つくる会」系の歴史教科書が採択されたときと同じような採択協議の規約改正が実行された。つまり学校現場の意見を封殺し、密室性の高い協議を可能なものにする改正である。そして採択協議会は「多数決」で育鵬社版の採択を決定した。県内世論そして八重山地区住民の間から協議方法への疑義や採択結果への反発が強まるなか、竹富町教育委員会は採択結果を拒否し、石垣・与那国両教育長と対峙する格好となった。結局、八重山地区全教育委員による臨時総会が開催され「多数決」によって育鵬社版は不採択となった。しかし、石垣・与那国両教育長が臨時総会の「無効」を訴え、さらに筆者が勤務する大学の芝田秀幹（政治学）が竹富町教育長宛に「独裁的・独我的無能思想」「沖縄のヒトラー」と記した中傷、脅迫めいたメールを送りつけたことが判明するなど、いまなお深い嘆息で充満した重々しい状況にある。

この一連の騒動の間、育鵬社版の採択へ促すような動きが国会議員や文部科学大臣・副大臣に見られ、それに対して「政治的介入」などの批判的言葉も飛び交った。そして教育行政の「中立・公正性」が「正しさ」として叫ばれている。しかし、それは一見正論のように聞こえるのだが「教科書を選ぶ」（＝共同体のなかで何を教え伝えるべきか）という選択は広い意味での政治的行為であり、自己決定権の最重要事項である。それを「中立・公正性」の軸だけで議論を展開すると、論点が手続きや法制度の瑕疵などに収束してしまう。今回の教科書問題をめぐって権力から挑戦を受けているのは、八重山および沖縄の自己決定権であり「民主主義」という政治のあり方なのだ。

「民主主義」……沖縄にとってこの言葉は足かせのように重い。なぜなら米軍の圧政から逃れるために、日本国憲法の民主主義者たちのもとへと必死に荷造りし、自分たちに代わって働いてくれるだろうと期待し身を寄せたからだ。だが、その身に下ったのは、民主主義者によって選ばれた者たちからの「我々の法を愛せよ」という命令であった。選ばれし者たちは〈法〉を〈法令〉として溺愛してくれるエリートを植民地に育てあげようとする。日本国憲法という御加護にある大国の民主主義は、植民地との支配関係によって鍛え上げられる。

だが、資本主義と民主主義が複雑に入り組む社会のシステムでは、植民地主義という差別実践は法制度やそれを溺愛するエリートのみが問題となるのではない。ミシェル・ヴィヴィオルカがアメリカのブラック・パワー運動から「制度的レイシズム」について述べたように、現代の民主主義下の差別主義は社会の支配的な形態や構造を維持し再生産しようとする行為者たちの無意識の実践性が支えているのだ（『レイシズムの変貌』明石書店、二〇〇七年）。その行為者に差別的な意図や意識がないとしても、自らが君臨する支配的な社会システムから得られた特権の維持を望み、状況を変えうる制度改革に「民主的に」反対することで、他者を被差別的な位置につなぎとめてしまう。そのとき当の行為者は、まるで地政学的言説で沖縄を参照し続けるときと同じようなまなざしを他者に投げかける。つまり、他者との宿命的な差異を強調し、差別主義を表面化せずに済ませてしまうのだ。

また民主主義下の社会では、当の行為者が支配的なシステムに君臨したまま無自覚に反差別を訴える「良心性」さえもちえるのだという。つまり差別を機能させるシステムから利益を獲得しつつ、自らの当事者性を忘却し「救済者」としての倫理的優位性に立って反対運動に熱狂する。無自覚な倫理的優位性に基づく運動は「真正な民主主義」に導く宣教師に成り上がることも可能である。以上の観点から民主主義下の植民地主義を思考すると、ジャン＝ポール・サルトルの次の言葉が説得力をもってくる。

それは一つの体制である。（中略）なぜかというと、良い植民者がおり、その他に性悪な植民者がいるというようなことは真実ではないからだ。植民者がいる。それだけのことだ。

（『植民地の問題』人文書院、二〇〇〇年）

「民主主義国家」を標榜する日本において「制度的レイシズム」に関する「良心的」な反差別、反植民地主義運動の問題性は、沖縄にコミットする研究者や運動家も避けて通れない命題である。なぜなら「沖縄問題」の旗に押し寄せるのは〈日本政府対米国政府〉〈日米両政府対沖縄〉という対決に認識を閉じ込め、当事者性を表面化しないかたちで「反基地」「反安保」などの「民主的」なスローガンを生産／消費する者が少なくないからだ。結局その行為は沖縄を地理的必然性に囲い込み、「地域研究」「地域運動」、そして「被害者」「犠牲者」に関する「解放・救済」という一方的なベクトルを脱していない。その方向づけは植民地主義の経験を被植民者の〈痛み〉〈抵抗〉などに限定し、宿命のように委譲し、スローガンや認識のフォーマットの「一部」「周辺」として回収していく行為にほかならない。冨山一郎が指摘するように、これらの認識と行為実践は「選択的横領」という新たな地域支配の形式を提供しかねない。つまりスローガンや認識のフォーマットを介した「先験主義的共感」であり、「沖縄の観客化」である。洪伸によると、それは沖縄になりすました語調で「代わりに語る」行為であり、沖縄を「居心地の悪い他者」ではなく「安心して語りうる『自己』」にしてしまう行為である（冨山一郎他『現代沖縄の歴史経験』青弓社、二〇一〇年）。

「民主的」という〈無印良心〉的なコミットは「救済者」の仮面を装着させ「沖縄問題」へのすばやい「共感」と「連帯」を可能にする。もちろん、そこには植民地における学知の空間が一定のフォーマットを提供しているという問題性もある。なぜなら植民地における学知の空間から承認を得なければ、支配的システムに君臨する学知が倫理的優位を確保しつつ、その空間に参入することが困難になるからだ。よって当事者性を忘却した者から見れば、植民地の学知も「エスニックな標本」であり、あまり複雑ではないフォーマットの提供者が重宝されるのである。

ここで、前記のフォーマットの提供者について「沖縄問題」をめぐる運動に学知の空間から積極的に記述し介入した、新崎盛暉の沖縄現代史論をみておきたい。沖縄をめぐる新崎の分析軸は「沖縄は安保の砦」「沖縄問題の解決が日本を変える」などの記述のように「沖縄問題」を「安保問題」と捉えているところにある。また「沖縄問題」は日米政府間および日本政府と沖縄との問題という観点に立脚している。さらに沖縄の政治をめぐる情況を〈保守／革新〉を軸に記述展開する。そのさい「革新王国」「沖縄革新」などの記述からもわかるように、革新は沖縄の〈顔〉であり〈抵抗するアイデンティティ〉として表象されている。他方、保守は「野放図な米軍演習」を許し「本土との制度的一体化と組織的中央系列化」を押し進めた「復帰」後の地域政治の問題性として中核に位置づけられている（『未完の沖縄闘争』凱風社、二〇〇五年。『沖縄現代史』（新版）岩波書店、二〇〇五年）。

沖縄をめぐる以上のような新崎の切り詰めは、民主主義下の「制度的レイシズム」の論点や、倫理的優位性の序列に基づくミクロな権力関係を捉えることはできない。つまり「沖縄現代史」の動因たる運動が党派性やスローガンなどの「正しさ」に記述がまとめあげられ、運動に至る過程の無数の身体、衝動、傷痕が切り詰めと調整を余儀なくされている。スローガン化された身体や傷痕は「救済申請者」という主体へと置き換えられ「沖縄問題」という制度化された空間で購入・消費可能な商品となる。それは一九九五年の少女暴行事件と米軍用地強制使用に関する沖縄県知事の代理署名拒否について「心ある国民の関心を沖縄に引きつけ」「全国から、知事への激励電報や手紙が殺到した」という新崎の表徴的な記述からも垣間見えてしまう（『沖縄現代史』）。

だがここで問題化したいのは、新崎の研究と記述行為の責任性ではない。なぜなら軍事的暴力と民主主義下の「制度的レイシズム」によって〈主権〉を剝奪され続ける沖縄は、議会決議のみならず、運動とその実践的言説を介して自己決定権を構成することが不可欠だからだ。とりわけ生命や人権が蹂躙される状況下の緊急性において、そこに政治を立ち上げるさいは結節点となる言説と集団性がただちに構築されねばならない。よって新崎が政党や労組を超えて「ＣＴＳ（石油備蓄基地）阻止闘争を拡げる会」を初発に、「一坪反戦地主運動」や「沖縄平和市民連絡会」の組織化の中心に立つなど、土地を守る運動や環境保護運動に拡がりをみせたことは単純に否定してはならない。

問題化しなければならないのは、沖縄の切実な切り詰めと調整のなかで捻り出されたフォーマットに丸乗りする、当事者性を回避した無自覚な行為者たちだ。島袋まりあが指摘するように、宗主国政府の政治を批判するために「沖縄問題」を〈保守／革新〉〈右翼／左翼〉の問題に置き換えてしまうようなファンタジーとそのアクターを批判しなければならない（野村浩也他『植民者へ』松籟社、二〇〇七年）。よって芝田秀幹が二〇一一年七月十日の『世界日報』で沖縄の教職員組合、労働組合、マスコミを一括りにしながら左翼批判を展開し、沖縄を左翼の「犠牲者」だと評したことは、フォーマットに丸乗りする行為者たちとコインの両面関係にある。いずれにせよ〈保守／革新〉〈右翼／左翼〉を軸に、日本でのアイデンティティ・クライシスを沖縄にぶつけているにすぎない。〈公民的多数派〉の「保護者」というスペクタクル、そして「救済者」の仮面を装着できるエクスタシーをめぐって、沖縄は〈快―苦〉の両面を補給してくれるお気に入りの他者なのである。

ずいぶん遠回りしたが、最後に八重山および沖縄における民主主義の問題に戻ろう。民主主義とは何か。もちろん「多数決」ではない。そして議会や専門家に専念させておく協議や手続きでもない。〈右につくか／左につくか〉ではないし、どちらか一方が間違いを犯すことに期待し待機することでもない。逆説的な言い方かもしれないが、八重山および沖縄における民主主義とは、主権や自己決定権を奪い続ける支配的な「民主主義」下のもろもろの権力に抗うなかで発明し、獲得していくものなのかもしれない。八重山そして沖縄における掛け替えのない身体、生、性、共同体、そして文化や歴史的経験は「公民的多数派」や綱領的なスローガンの「一部」や「周辺」ではない。そのファンタジーに陶酔する者たちは「保護者」でも「救済者」でもない。「制度的レイシズム」のもとの植民地主義という二重苦のなかで、八重山および沖縄は自らの手で民主主義を鍛え上げていくしかない。

（沖縄からの報告24・二〇一二年二月号）

コザ暴動という不安定な経路の可能性

「犯す前に犯しますよと言いますか。」

二〇一一年十一月二十九日の「琉球新報」に、田中聡沖縄防衛局長（当時）による右記の発言が大きく報じられた。それは、県内外マスコミ各社との非公式懇談会の席上で、防衛大臣が普天間基地の辺野古移設に関する環境影響評価書の提出時期を明言しない理由について記者が投げかけたところ発せられた、いわゆる「オフレコ」発言である。その後、事態は田中局長の更迭や防衛大臣の問責決議で緞帳が降ろされ、県外メディアを中心に琉球新報社に対する「オフレコ破り」批判など報道手法の問題性へと矮小化された。そして、政府は普天間基地の固定化か辺野古への代執行を「犯しますよ」と仄めかしながら、一括交付金の手土産つきで寝込みを襲い、沖縄に環境影響評価書を運び込んだ。

ところで、田中前局長の発言に見出し得る問題性とは、植民地主義的なまなざしの発露そのものであった。もちろん、一九九五年の米兵によるレイプ事件という具体的な暴力を考慮しつつも、その発言の根底には、沖縄を性支配のまなざしで捉えようとする植民地主義者の典型的な姿勢の問題性があるはずだ。田中前局長が先の発言をしたさい、同席していた県外マスコミ記者は一斉に爆笑したそうだが、それは局長個人のパーソナリティの問題ではなく、この国における沖縄に対するまなざしの複製品としてケヴィン・メアと同根の心的性向にあると言ってもいい。

そのような情況が渦巻くなか、十二月十八日の「沖縄タイムス」一面に、虚ろな目で遠くを見つめながら身体を横たえる米軍ＭＰたちのモノクロ写真が紹介された。それは、一九七〇年十二月のコザ暴動において、群衆を鎮圧した直後の疲労困憊したＭＰたちの姿だ。それはまるで、思わぬ反撃を受け、森の茂みやビルの陰で身を潜め怯えるベトナムの地の米兵たちの姿にも重なる。無理もない。つい数時間前まで「穏やかな沖縄人」が行きかう街路で、そして「陽気な沖縄人」が経営するバーでいきなり一撃を食らったのだから。そこには「復帰」という祝祭とは別の祝祭空間が、突如街角に姿を現わしたのだ。写真を寄贈した元ＭＰが「目に焼き付くほど大規模だった」と言うそのダメージとは何か。それは、まさしく統辞的な言葉とは異なる位相で、街を埋め尽くす者たちの〈間〉身体に増殖していた、予測不可能な経路が食らわしたものだ。指揮系統がどこにあるのか見当もつかない〈間〉というリゾーム状の経路は、暴動鎮圧後も潜行増殖しつづけていた。筆者の義父は暴動翌日のコザに出かけ、そこで米兵の車両と事故を起こすが、そのときタクシー・ドライバーを中心に群衆が米兵を取り囲み一触即発だったと言う。また様相を異にするが、翌七一年の黒人米兵による「第二コザ暴動」のように、その捕捉困難な経路は、沖縄人という名辞化された身体性を超えてコザの街に拡がっていた。

ところで筆者は、二〇一〇年十二月十七日、琉球新報社が企画した「コザ騒動から四〇年」と題した座談会に参加した（二〇一〇年十二月二十日掲載）。会場は、伝説的なハードロック・バンド「コンディション・グリーン」のヴォーカリスト、〝かっちゃん〟が経営するライブハウス「JACK NASTY'S」だった。筆者のようにリアルタイムにコザ暴動を知らない「復帰後世代」にとって、暴動に関するモノクロの記録映像や音声とともに、屈強な米兵たちを相手に荒々しくパフォーマンスしつづけるかっちゃんの姿がモンタージュされるかたちで、コザという街そのものを表徴しているように捉えていた。ステージ上で鶏や蛇をシメル（殺す）彼らのパフォーマンスは、なにやら見てはいけないコザという街の裸体と深部を覗き込んでいるポルノグラフィックなまなざしを装着させてくれた。コザの時空間とその身体性の深淵に位置づけられてきた当のかっちゃんがカウンター越しにまなざしを突き刺し、傾聴するなかで、座談会は進んだ。

座談会において、筆者は社会学者としての「客観的」な因果説明を述べることよりも、「復帰後世代」の立ち位置からコザ暴動を自らの歴史経験として我有化しようと臨んでいた。迷走する普天間基地の移設問題が象徴するように、その植民地主義的な国家暴力がはっきりと輪郭を露わにするなかで、「コザ暴動」という情況と方法を〈いま〉〈ここ〉に手繰り寄せたかったのである。人口の空洞化、高齢化、高失業率、そして消費者金融街化が進む今日のコザの街とは対称的に、郊外のロードサイドやショッピングモールを中心に、商品資本の祝祭空間が「ヨコナラビのわたし探しゲーム」に参加させる街へと徐々に変貌させた。筆者は、社会的な問題に目を向けさせないその「内向き」な世界を危惧し、本書二〇三頁では村上春樹を援用して「シャフリング」された世界と表象した。「あらゆる土地や記憶が剝ぎ取られ、埋め直され」、商品とロゴマークによって均質化した広大な風景を目の前にして、筆者は座談会後も焦燥感に駆られ続けていた。

しかし、当然のことかもしれないが、筆者にとってのコザ暴動は、やはり〈いま〉〈ここ〉に手繰り寄せることのできない歴史的な他者の記号のままでしかなかった。座談会参加者（男性四名ばかり）の語りで次々と構成される「コザ暴動」は、やはりコザそのものではない、何かしらズレをともなうシミュラークル（複製品）でしかなかった。その語りの前面には、男たちの統辞的な言葉で構成された臨場感あふれる光景は広がるが、やはり「民衆の抵抗」というアウラを帯びた物語で思考が停止してしまう。

さらに、これまで筆者がロックから自己同定を試みようとしてきた「コザ」という時空間や身体性へのまなざしも、マッチョイズムに基づくアナロジー（類推）ではないか。ウエスリー上運《うえうん》天《てん》が述べるように、筆者の体内にも装着されているマッチョな感性は「東アジアの地政学において、性差化され女性化された沖縄（特にコザ）への沖縄男性からの反応」そのものなのである（「怒

り の海からの奮起」『現代沖縄の歴史経験』青弓社、二〇一〇年)。植民地男性である筆者のなかで、マッチョなまなざしによる歴史物語の我有化の試みは、一〇代のころに遡ることができる。一九八五年の夏、高校二年生だった筆者はコザの街とロックに惹かれ、ジョージ紫らのロック・バンド「OKINAWA」のライブハウスに通い、米兵たちの肉体を支配する音と光と煙に熱狂していた。ライブの興奮が冷めないまま胡屋交差点に繰り出し、陸橋を埋め尽くす若者と暴走族の「野郎ども」とともに、沖縄警察署の警察官らと対峙していた。そして、警察官の革靴の尖端で蹴り上げられたときの痛みを、自らの身体とコザとを共振させるエンブレムのように刻み込んでいた。コザ暴動から四〇年、筆者がロックに乱舞していたころから二五年、コザの街から陸橋が消え、熱狂的な若者が消え、暴走族が消えた。そしてコザ・ロックの代名詞は、沖縄米軍基地所在市町村活性化特別事業(「島田懇談会事業」)を活用した七一億円の箱の中に消えつつある。筆者は、消費者金融によって去勢され、精神を病み、高い自殺率のなかで街に点在する沖縄男性の身体をファロスのもとに取り戻そうと座談会に臨んでいたのかもしれない。周蕾《レイチョウ》の言葉を借りれば、「政治的に適正」な隠喩のもとで、「本物のネイティヴ」を複製しようとしていたのである(『ディアスポラの知識人』青土社、一九九八年)。

今日、商品資本によって均質化された郊外型の空間が沖縄に拡大するなかで、マッチョイズムに基づく時空間の他者化と複製品の我有化を回避しつつ、〈間〉身体的な増殖経路を〈いま〉〈ここ〉で経験することは可能なのだろうか。やはり、その手がかりは〈一九七〇・コザ〉にあるのではないか。近年、県内メディアを中心に、略奪的・暴力的・破壊的イメージ、つまり反社会秩序のイメージを想起させる「暴動」という表現を回避し、未組織的・無計画的な群衆行動として「騒動」という表現が定着しつつある。また、ウエスリー上運天は、歴史学の安仁屋政昭らを参照しながら、虐げられた人々が抑圧に対して立ち上がる意味を込めて「コザ蜂起」と記した。筆者は「暴動」「騒動」「蜂起」のいずれが「適切」な概念であるのか、明確な結論をもちえていない。だが適合的な説明を希求しようとする科学のメチエをあえて繰り延べさせ、本稿では「暴動」と記してきた。もちろん、店舗などでの略奪や破壊行動が行なわれなかったこと、群衆が白人米兵をターゲットとし黒人兵を狙わなかったこと、青年団、中学生、バーの女性たちが手際よく石やガソリン入りコーラ瓶を準備し、炎が次々と立ち昇るなかオバーたちがカチャーシーで狂喜乱舞していたことなどを考え合わせると、「騒動」どころか「暴動」とも定義し難いだろう。しかし、金城正樹が指摘するように、そこには〈呼びかけ―応答〉の論理体系や明確な役割行為、そして合意可能な抵抗の物語があるわけではない（「倒錯する民衆への眼差しと現在性」『大転換期』インパクト出版会、二〇〇三年）。そこにあるのは、まずもって街路を埋め尽くす人々の身体があるのであり、攻撃された米兵、攻撃を阻止しようと立ちはだかった沖縄人、そして暴動をやめるよう懇願する黒人兵も含めた不安定な反応経路があったはずだ。その予測困難で不安定な経路を〈一九七〇・コザ〉に確保しつつ、時空間のアウラとマッチョな物語から解放し、たんなる「地域（史）研究」ではない経験の方法を模索するために、本稿ではひとまず「暴動」と記しておこう。なぜなら占領者・権力者たちを怯えさせ、自身さえ驚かせた、あの身体と〈間〉に埋め戻す必要があるからだ。不安定なノイズほど、人は立ち止まり、戸惑い、応答以前に〈聞く〉ことを始める。

ところで、戦後沖縄の地域復興は、共同体やそこに堆積してきた既存の関係および価値意識が土台となっていた。沖縄戦の際には、友利雅人がいう「あまりに沖縄的な〈死〉」に直結していた共同体が、戦後沖縄にとっては「生き抜くこと」そのものであり、〈死〉に対する歯止めとして機能した。しかし、軍政による土地の強奪や強制移動によって植民地都市として誕生したコザの街は、〈生―死〉の容器であるはずの共同体を引き剝がされていた。そこは、占領者と権力者によって商品化され、搾取の対象にされ、〈生―死〉が剝き出しになった者たちの無数の身体で埋め尽くされていた。しかし〈一九七〇・コザ〉は完全に共同体を引き剝がされていたわけではなく、都市のなかに共同体そのものや、擬似的共同体を抱え込んでいたのだ。それは軍事支配的な都市に生き残った土地や労働や記憶などを媒介にした、直接的で具体的な社会関係に基づく共同体である。よって、都市と共同体の二重性のなかで、剝き出しの身体はその「落差」を往来していた。コザ暴動が一夜にして終息したように、都市で増殖した〈間〉身体の経路は、共同体のなかに持ち帰り隠しもつことが可能だったのだ。

都市と共同体の二分法で捉えることが困難になった今日の沖縄では〈生―死〉の容器どころか、往復可能な「落差」さえ消滅しつつある。ショッピングモールやファストフードやコンビニは、沖縄の人びとにもヨコナラビの感性を与えた。コピー&ペーストの連続体のような、どこまで行ってもどこにもたどり着けない、無場所的で匿名的な〈いま〉〈ここ〉の平滑空間が埋め尽くそうとする。そこにはアイデンティティ不安を打ち消すための、際限のない消費行動が仕掛けられている。つまり、モノはあっても物語がないし、「語るべき傷」すらない漂流アトラクションの世界である。それは、物語回帰や日本ナショナリズムへの直結を欲望させ、歴史修正主義的言説さえ多発させる（宇野常寛「郊外文学論」『思想地図β』vol.1、コンテクチュアズ、二〇一一年）。

だが、見方を変えれば、無場所的で匿名的な平滑空間は、パターナリズムに基づく機制や、アウラを帯びた物語さえも相対化し、異なる裂け目を創設することが可能な領域でもある。そこはさまざまな創造と表現で侵略可能な白いキャンバスでもあるのだ。そのとき、物語回帰や国民国家への直結を回避するために、「語るべき傷」や「落差」と出会いつつ、その歴史的経路と共同体のネットワークを張り巡らす方法が必要となる。〈わたし探し〉のために懸命に消費している商品とは、移住者たちが買い漁る高層マンションの麓で、時給六〇〇円台で「正しい日本語」と感情労働を課せられた者たちの手で捌かれている。その資本とロゴマークで利益を得ているのが誰なのか、時空間を裂開してみれば、自身のなかにも「語るべき傷」があることに気づく。そして昨年（二〇一一年）十月に「沖縄の風景がヤマト化している」「ウチナーグチが通じない」と嘆いていた世界のウチナーンチュと「落差」を架橋しあい、往復可能な共同体の増殖経路を構築していけばいい。無場所的で匿名的な時空間に裂け目（落差）をもたらすことで、〈間〉身体的なリンク先（経路）を張り巡らせることは可能なのだ。

あとがき

未來社の西谷社長に本書のタイトルを考えて欲しいといわれた。ヤマトンチュにもわかるウチナーグチを使ったもので、と。そこで、最初に浮かんだのが、「沖縄問題でチューガナビラ」だった（沖縄のラジオ長寿番組「民謡で今日《ちゅう》拝《う》がなびら」をもじったものだ）。というのは、嘘である。実は、何も思いつかなかった。

考えたのは、「ポスト『沖縄問題』主義――復帰後世代の沖縄報告」だった。沖縄で表われているのは日本（ヤマトゥ）の問題であるにもかかわらず、沖縄の問題であるかのようにとらえられ、かつ、解決を阻む最終原因は沖縄にある（沖縄人のたたかいが足りない、日本政府から金を受け取っている等）という思い込みが多くの人々のなかにある。これらを「沖縄問題主義」、と呼んだのである。したがって、この書名はその主義の終焉の宣言である。

が、残念ながら不採用となった。西谷氏の懸念は、①沖縄問題が終わったと思われないか②政治主義的と思われないか③書名に「―」を含みたくない、であった。西谷氏は代わりに「トウソウするキョウカイ」はどうか、と聞いた。沖縄人の先輩で批評家の仲里効さんの新著の書名に決まりかけていたものらしい。

「逃げる境界、ですか」

「闘う、ですよ」

「はー、また沖縄人を闘わそうとしてからに」

「実際闘っているじゃないですか」

「そりゃそうですけど……」

「あなたは本文中で、ヤマトこそ闘え、とたっぷり書いているし、そのことは十分伝わってますよ」

「えー、ほんとに……？」

という議論を経て、書名については、「トウソウするキョウカイ」をベースに再考することとなった。そこで、私は真剣に考えた。当初の案で。すなわち、日本人がわかりそうな琉球語を使ったタイトルを。それで出てきたのは、

「メンソーレー沖縄問題」「はいさい！沖縄問題」「沖縄問題でイチャリバチョーデー」「基地負担はユイマールー」「チャンプルーブルー」……。

「沖縄問題でチュウガナビラ」

はこの時に思いついた。「命どぅ宝」を使ったものも考えたが、うまく作れなかった。

　気がついたのは、おそらく日本人のみなさんは、「メンソーレー」や「ハイサイ」は「観光沖縄」を通じて知っていても、「チュウガナビラ」という正式で丁寧なあいさつ言葉は知らないの

ではないか、ということだ。そして、「イチャリバチョーデー」や「ユイマール」を含めて、これら日本社会に知られている琉球語とは、（日本に開かれた、日本人に都合の）いい沖縄（人）のイメージなのではないか。まさに、沖縄・琉球と日本の関係を象徴している。

はああ、やっぱり、「闘争」しないといけないのか。それでも「逃走する」にしか聞こえないのである。しかし、まあ、そういう裏タイトルも含めた「闘争」もいいのではないか、と思うようになった。

その後、仲里効さんと私より二つ年下のウチナーウナイの友人とでおしゃべりをしていて、この本の話になった。私が彼女にいった。

「新しい本のタイトルはトウソウするキョウカイ。さて、漢字は何でしょう」

「キョウカイはバウンダリーの境界でしょ」

「まあそうね。トウソウは？」

「逃げるでしょ？」

「やっぱり！　そうだよね」

仲里さんは、あははは、と大笑いした。

『闘争する境界』は逃走中である。自分たちを闘わせるものから。自分たちを境界に位置づけるものから。チャーヒンギー。

知念ウシ

＊

時評という形式でその時どきに取りざたされた、さまざまなトピックを書いてはいるが、読み返して見ると実のところ、筆者はほとんど毎回同じ、ただひとつのことしか言っていない。それは、近代国民国家や資本の論理とは異なった社会認識が沖縄から垣間見える、ということである。

本書を通読するだけでも、連載が書かれたこの約二年の間、沖縄を取り巻く状況はますます厳しさを増していることが理解できる。この状況はおそらく、一足飛びには解決ができないほど困難なものだ。しかし、そのなかにあっても（いやだからこそ、と言うべきだろうか）、現実的な条件を踏まえながら、同時にその現状とは異なる可能性を見出そうとする視点の重要性を、現在の私は強く感じている。

依頼されなければほとんど何も書かない怠惰な筆者に「未来」への執筆を誘っていただいた仲里効さんのおかげで、知念ウシさん、後田多敦さん、桃原一彦さんという個性的でパワフルな書き手と、連載を執筆できたことは貴重な経験だった。毎回の校正は未來社の西谷能英さん、長谷部和美さんに丁寧な手直しをいただいた。多くの友人、知人、見知らぬ「未来」読者の方々から、思いもよらず寄せられるさまざまな反応は、執筆時の重要な励ましと緊張を与える大きな糧となった。この場をお借りし、皆さんに厚く感謝する。

与儀秀武

＊

沖縄で起きているさまざまな事象を、東京の大手メディアは「沖縄問題」というような表現をしたりしている。しかし、沖縄側からするとその多くは「日本問題」そのものなのである。「日本問題」の幾つかが沖縄を現場として現われ、少し強い言い方をすれば、そのしりぬぐいをさせられているのが沖縄だということになる。そして、問題をさらに深刻にしているのが、日本（ヤマト）人の多くがそのことに無自覚だということだと思う。

以前、三十代の沖縄人女性が「日本（ヤマト）人に対しては、同じ言葉を使う異邦人だと思って接している」と話しているのを聞いたことがある。言葉は通じるが真意がなかなか伝わらないという趣旨のようだった。その人はヤマトで大学を出て、十年ほど働いていたので、共通語が自由でないということではなく、その意識のギャップをそのように表現していたのだった。その場にいた数人は、身に覚えがあったのだろうか、同時に笑い出してしまった。

沖縄とヤマトとの間には、過去も現在も深くて大きな淵がある。そして、その淵はこれからも埋められないし、超えられないだろう。ただ、淵の存在を前提にすれば、そこには通じ合う世界もまたある。深い淵の向こうの「問題としての日本」には、勤勉さや優秀さ、真摯さなどを備えた良質な個人としての日本人もいる。私の報告は、そんなことを考えながら、その淵を覗き込むような思いで書いていた。

後田多敦

*

私が「未来」「沖縄からの報告」に起稿しはじめたのが二〇一一年三月、つまりケヴィン・メアの露骨な沖縄差別発言、東日本大震災、そして「トモダチ作戦」の展開から間もないころだった。その稿には目取真俊による大震災以後の軍国主義化の読みと、芥川龍之介が遺した「ぼんやりした不安」という言葉を挿入した。

それから約一年、高江ヘリパッドと普天間基地の移設問題をめぐる沖縄からの抵抗の声はいまも力強く、どんな拡声器よりも逞しい。だが、その一方でパワー・エリートたちは、教科書や戦跡から軍隊の残虐性を抹消しつつ、沖縄への自衛隊の配備増強を手放しに推進する。もし、かりに沖縄の米軍基地が全面返還されたとしても、結局このままでは、沖縄は日本および日本人の「本土防衛」の格好の餌食となり、再び「捨て石」にされてしまう可能性がある。

この植民地社会の問題は、劣等コンプレックスと利権にまみれたパワー・エリートや、歴史や軍隊に対する認識だけに限られるものではない。先日、沖縄島南部のある食堂で食事をしていたら、隣席に陣取る八〇歳代の女性たちが店内のテレビに映し出された久高島のイザイホーの映像を観ながら、ウチナー訛りの日本語で次のようなことを口にしていた。「もう、あんな土人みたいなことは子どもたちに見せない方がいいのに」。

私が、沖縄人、日本人という言葉を使用することへの執着も、この「内なる日本人」との闘いがあるからだ。沖縄人／日本人という言葉を使用すると、すぐさま「二項対立の図式だ」とか、「日本人への期待の裏返しではないか」という批判に遭遇する。しかし、沖縄を思考しようとするとき、そこには沖縄を蔑み監視し抹消しようとする「内なる日本人」が刻み込まれた、植民地的身体の問題に否応なしに気づかされる。

私が沖縄人／日本人という言葉を使用するとき、当の他者である日本人のみならず、「内なる他者」「内なる異物」としての日本人との闘いが前提にある。この一年間のあらゆる起稿は、その内なる闘いのもがきの痕跡であったような気がする。

桃原一彦

執筆者略歴（執筆順）

知念ウシ（ちにん・うしぃ）
1966年、沖縄島那覇市首里生まれ。津田塾大学、東京大学卒業。むぬかちゃー、沖縄国際大学非常勤講師。著書に『ウシがゆく』（沖縄タイムス社、2010年）。共著に『植民者へ』（松籟社、2007年）。英訳にRyuko's White Flag（『りゅう子の白い旗』、新川明作、儀間比呂志版画、出版舎Mugen、2011年）、共訳に『トラウマと身体』など。

與儀秀武（よぎ・ひでたけ）
1973年、宮古島市伊良部生まれ。琉球大学大学院人文社会科学研究科修了。沖縄文化論。主要論文に「沖縄と日本国憲法」（「情況」2008年5月号）など。

後田多敦（しいただ・あつし）
1962年、沖縄県石垣島生まれ。神奈川大学大学院歴史民俗資料学研究科博士前期課程修了。博士（歴史民俗資料学）。著書に『琉球の国家祭祀制度——その変容・解体過程』（出版舎Mugen、2009年）『琉球救国運動——抗日の思想と行動』（出版舎Mugen、2010年）。

桃原一彦（とうばる・かずひこ）
1968年、南風原村（現南風原町）生まれ。東洋大学大学院社会学研究科博士後期課程単位取得退学、社会学、『「観光立県主義」と植民地都市の野蛮性』（野村浩也編『植民者へ』松籟社、2007年）。

闘争する境界――復帰後世代の沖縄からの報告

発行――二〇一二年四月二十五日　初版第一刷発行

定価――（本体一八〇〇円＋税）

著　者――知念ウシ・與儀秀武・後田多敦・桃原一彦

発行者――西谷能英

発行所――株式会社　未來社

〒112-0002 東京都文京区小石川三―七―二

電話〇三―三八一四―五五二一

http://www.miraisha.co.jp/

Email: info@miraisha.co.jp

振替〇〇一七〇―三―八七三八五

印刷・製本――萩原印刷

ISBN 978-4-624-41093-3 C0036

（消費税別）

仲里効著
フォトネシア
〔眼の回帰線・沖縄〕比嘉康雄、比嘉豊光、平敷兼七、平良孝七、東松照明、中平卓馬の南島への熱きまなざしを通して、激動の戦後沖縄を問う。沖縄発の初めての本格的写真家論。　二六〇〇円

仲里効著
オキナワ、イメージの縁（エッジ）
森口豁、笠原和夫、大島渚、東陽一、今村昌平、高嶺剛の映像やテキスト等を媒介に、沖縄の戦後的な抵抗のありようを鮮やかに描き出す〈反復帰〉の精神譜。　二二〇〇円

西谷修・仲里効編
沖縄／暴力論
琉球処分、「集団自決」、「日本復帰」、そして観光事業、経済開発、大江・岩波裁判……。沖縄と本土との境界線で軋みつづける「暴力」を読み解く緊張を孕む白熱した議論。現代暴力批判論。　二四〇〇円

高良勉著
魂振り
〔琉球文化・芸術論〕著者独自の論点である〈文化遺伝子論〉を軸に沖縄と日本、少数民族との関係、また東アジア各国において琉球人のあり方についても考察をくわえた一冊。　二八〇〇円

喜納昌吉著
沖縄の自己決定権
〔地球の涙に虹がかかるまで〕迷走する普天間基地移設問題に「平和の哲学」をもって挑みつづける氏が、沖縄独立をも視野に入れ、国連を中心とする人類共生のヴィジョンを訴える。　一四〇〇円